Stephan Johannes Seidlmayer

Der Nil in Aswân

Adolf-Erman-Vorlesungen zur ägyptischen Sprache und Kulturgeschichte am Berliner Wörterbuch-Projekt

---

Herausgegeben von
Tonio Sebastian Richter und Daniel A. Werning
im Auftrag der Berlin-Brandenburgischen Akademie
der Wissenschaften

Band 1

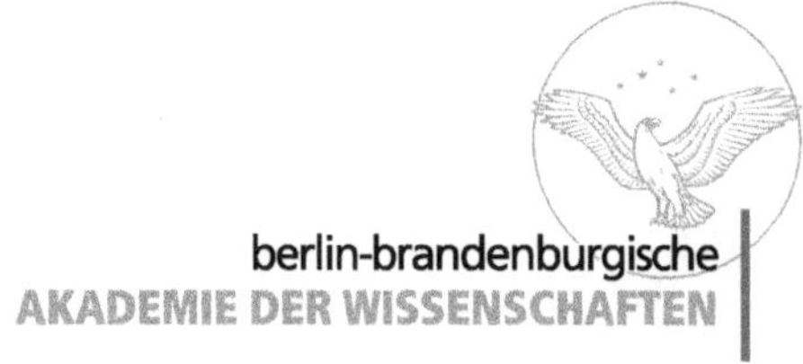

Stephan Johannes Seidlmayer

Der Nil in Aswân

Inschriften und Heiligtümer

DE GRUYTER

Dieser Band wurde im Rahmen der gemeinsamen Forschungsförderung von Bund und Ländern im Akademienprogramm mit Mitteln des Bundesministeriums für Bildung und Forschung und der Senatsverwaltung für Wissenschaft, Gesundheit, Pflege und Gleichstellung des Landes Berlin erarbeitet.

ISBN 978-3-11-074783-6
e-ISBN (PDF) 978-3-11-074791-1
e-ISBN (EPUB) 978-3-11-074807-9
ISSN 2751-7454

Library of Congress Control Number: 2022945051

Bibliografische Information der Deutschen Nationalbibliothek
Die Deutsche Nationalbibliothek verzeichnet diese Publikation in der Deutschen Nationalbibliografie; detaillierte bibliografische Daten sind im Internet über http://dnb.dnb.de abrufbar.

Einbandabbildung: Tabelle der Flutstatistik von der Weißen Kapelle Sesostris' I. in Karnak. Foto: Stephan Johannes Seidlmayer
Druck und Bindung: CPI books GmbH, Leck

www.degruyter.com

Vorwort der Herausgeber

Am 31. Oktober 2004 wurde an der Berlin-Brandenburgischen Akademie der Wissenschaften erstmals eine dem Berliner Ägyptologen Adolf Erman (1854–1937) gewidmete Vorlesung gehalten. Es war Ermans 150. Geburtstag, und Wolfgang Schenkel, der bis 2003 als Projektleiter des Akademienvorhabens *Altägyptisches Wörterbuch* gewirkt hatte, sprach über „Adolf Erman und die Geschichte der Ägyptologie". Von da an fand jährlich im Herbst an der Berliner Akademie diese Erman-Vorlesung statt, bei der eminente Persönlichkeiten der deutschen und internationalen Ägyptologie einem breiten Publikum laufende Arbeiten und neue Forschungsergebnisse zur ägyptischen Sprache, Literatur und Kulturgeschichte vorstellten.

Die Erman-Vorlesung des Jahres 2018 hielt Stephan Seidlmayer unter dem Titel „Der Nil bei Aswân". Wenn diese nun als Heft 1 der Schriftenreihe *Adolf-Erman-Vorlesungen* (empfohlene Reihenzitation: „Ermaniana") gedruckt erscheint, so schließt sich ein Kreis. Denn es war niemand anderes als Stephan Seidlmayer, der die Vorlesungsreihe 2004 ins Leben gerufen hat. Seidlmayer war seit 1998 Arbeitsstellenleiter des Akademienvorhabens *Altägyptisches Wörterbuch* und hatte 2003 von Wolfgang Schenkel die Projektleitung übernommen. Die Jahre seiner Projektverantwortung waren eine Zeit weitblickender konzeptioneller Weichenstellungen und des Einfahrens einer Ernte. An jenem 31. Oktober 2004 ging der *Thesaurus Linguae Aegyptiae* online – die von Stephan Seidlmayer programmierte Publikationsplattform des im Akademienvorhaben *Altägyptisches Wörterbuch* erarbeiteten digitalen Volltextcorpus altägyptischer Texte.[1] Der „TLA" war bereits damals die weltweit größte digitale Ressource ägyptischer Texte und ist seither ununterbrochen gewachsen. Fiel die erste Erman-Vorlesung 2004 mit dem ersten Launch des *Thesaurus Linguae Aegyptiae* zusammen, so koinzidiert das Erscheinen der ersten gedruckten Erman-Vorlesung 2022 mit dem zweiten, dem Re-Launch des *Thesaurus Linguae Aegyptiae* (*TLA 2.0*).

Aus dem institutionellen Kontext der Vorlesungen – den ägyptologischen Projekten an der Berliner Akademie mit ihrer sprachwissenschaftlichen Agenda – versteht sich die Bezugnahme auf Adolf Erman. Dem Sprößling einer alteingesessenen Berliner Hugenotten-Familie von Gelehrten, der Ägyptologie bei Georg Ebers in Leipzig und Richard Lepsius in Berlin studiert hatte, waren seit den 1870er Jahren bahnbrechende Entdeckungen gelungen, die heute als Fundamente der altägyptischen Sprachwissenschaft gelten und an Bedeutung für das Ver-

1 *Thesaurus Linguae Aegyptiae* <https://aaew.bbaw.de/tla/>, 31.10.2004, hrsg. von der Berlin-Brandenburgischen Akademie der Wissenschaften (letzter Zugriff: 1.9.2022).

ständnis ägyptischer Texte der Entzifferung der Hieroglyphen fünfzig Jahre zuvor nahekommen. Ermans Verdienste erstrecken sich auf drei Felder: Das erste ist die Entdeckung der *Morphosyntax des Ägyptischen*, seiner bis dato nicht als solche erkannten Wortbildungsmuster, grammatischen Formen und Konstruktionen, die auch die Nähe der ägyptisch-semitischen Sprachverwandtschaft kenntlich werden ließen. Das zweite ist die Entdeckung des *Sprachwandels der ägyptisch-koptischen Sprache* während der vier Jahrtausende ihrer schriftlichen Bezeugung, den Erman in einem bis heute im Kern validen Fünfphasen-Schema modellierte. Das dritte ist die Arbeit am Wortschatz des Ägyptischen, die 1897 als Großprojekt der Kgl.-Preußischen Akademie begann und im *Wörterbuch der aegyptischen Sprache* kulminierte. Das *Wörterbuch* erschien von 1926 bis 1931 in fünf Bänden, bis 1963 gefolgt von sieben Bänden mit Belegstellenverzeichnissen und Indizes, und bildet die Vorgeschichte und Voraussetzung der späteren ägyptologischen Vorhaben der Berliner Akademie. Im Übrigen war Adolf Erman von 1885 bis 1923 der Nachfolger Richard Lepsius' auf dem nach dem Collège de France (Paris) weltweit zweiten Lehrstuhl für Ägyptologie, dem der Berliner Universität, und amtierte von 1884 bis 1914 auch als Direktor des Ägyptischen Museums.

Adolf Erman begann seine Laufbahn in der Zeit der staatsrechtlichen Gleichstellung der Juden und des zugleich damit erstarkenden Antisemitismus in Deutschland. In den Jahren um 1880, als Ermans bahnbrechende Arbeiten zur ägyptischen Sprachforschung erschienen, tobte gerade der „Berliner Antisemitismus-Streit", jene öffentliche Debatte, die Heinrich von Treitschke, ein Professor der Berliner Universität, 1879 durch die pamphletistisch vorgetragene Forderung nach Beschränkung der Juden-Emanzipation initiiert hatte. Nicht nur Berliner jüdische Intellektuelle wie Heinrich Graetz und Moritz Lazarus, auch nichtjüdische liberale Wissenschaftler, wie der Mediziner Rudolph von Virchow, der Althistoriker Johann Gustav Droysen und der Altphilologe Theodor Mommsen, traten in die publizistische Verteidigung der gesetzlichen Religionsfreiheit im jungen gesamtdeutschen Staat ein, so dass für den Moment die liberale Position erfolgreich zu sein schien. Doch 1934, im Jahr seines 80. Geburtstags, wurde Adolf Erman zum „Vierteljuden" im Sinne der nationalsozialistischen Rassegesetzgebung erklärt, und im selben Jahr schloss die Berliner Universität ihn auf der Grundlage des „Gesetzes zur Wiederherstellung des Berufsbeamtentums" aus der Philosophischen Fakultät aus. Umso entschiedener bekennt sich heute die an zwei Universitäten, der Akademie und dem Museum institutionalisierte Ägyptologie Berlins zu ‚ihrem' Erman. Namentlich die seit 1897 bis zum derzeit laufenden Vorhaben „Strukturen und Transformationen des Wortschatzes der Ägyptischen Sprache: Text und Wissenskultur im Alten Ägypten" an der Akademie ansässigen ägyptologischen Projekte mit ihrer lexikographischen Agenda führen sich in direkter Linie auf das Wirken Adolf Ermans zurück.

Wir freuen uns, mit dem ersten Heft der „Ermaniana“ einen bedeutenden Vertreter der Ägyptologie unserer Zeit zu präsentieren. Stephan Seidlmayer gehörte zu den Protagonisten der Digitalisierung der altägyptischen Philologie seit den späten 1980er und frühen 1990er Jahren.[2] In dieser Kapazität leitete er die Arbeit am Akademienvorhaben *Altägyptisches Wörterbuch* mit seinem digitalen *Berliner Texterfassungssystem* (*BTS*) und seiner Publikationsplattform *TLA*. Doch die wissenschaftliche Statur Stephan Seidlmayers ist damit nicht hinreichend charakterisiert. So ist durch seine Arbeit die Sozialarchäologie zu einer prävalenten Perspektive der Ägyptologie geworden, also der archäologisch geleitete, sozial tiefe Blick in die Elite- und Nicht-Elite-Schichten der altägyptischen Gesellschaft der Lebenden (mit den Mitteln, aus der Perspektive der Siedlungs-Archäologie) und der Toten (wie sie sich in den Gräbern und Gräberfeldern abbildet).[3] Und schließlich steht der Name Stephan Seidlmayers für ein ägyptologisches Forschungsprogramm der Epigraphik im landschaftsarchäologischen Kontext (wo, wie und warum sind Inschriften in der historischen Landschaft verteilt?), für Arbeiten zur Siedlungsarchäologie der Stadt Elephantine, zum Nil bei Aswân und zum Nil überhaupt.[4] Es sind diese Themenkreise, aus denen sich seine Erman-Vorlesung speist. Mit ihrem souveränen Zugriff auf Quellen unterschiedlichster Typen, ihrer Methodenvielfalt bei der Interpretation komplexer, multimedialer Befunde und ihrem Ziel, große „Linie(n) des kulturhistorischen Verstehens zu skizzieren“ (S. 2), misst diese Vorlesung genau den Rahmen aus, der für die „Adolf-Erman-Vorlesungen zur ägyptischen Sprache und Kulturgeschichte“ Programm sein soll.

Berlin, zum 31. Oktober 2022 — Tonio Sebastian Richter & Daniel A. Werning

---

2 Pars pro toto seien hier seine Arbeiten zum „philologisch-prosopographischen Texterschließungssystem“ (PPTES) und zur Fixierung grammatisch-morphologischer Sachverhalte in maschinenlesbarer Form (*Göttinger Miszellen* 128, 1992, 27–42) erwähnt.

3 Wir weisen hier nur auf die drei Arbeiten „Die Ikonographie des Todes“ (in: H. Willems, *Social Aspects of Funerary Culture in the Egyptian Old and Middle Kingdoms*, Leuven 2001), „Vom Sterben der kleinen Leute“ (in: H. Guksch et al., *Grab und Totenkult im Alten Ägypten*, München 2003) und „Der Beitrag der Gräberfelder zur Siedlungsarchäologie Ägyptens“ (in: E. Czerny et al., *Timelines. Studies in Honour of Manfred Bietak*, Orientalia Lovaniensia Analecta, Leuven 2006) hin.

4 Beispielsweise seine vielzitierte Monographie *Historische und moderne Nilstände. Untersuchungen zu den Pegelablesungen des Nils von der Frühzeit bis in die Gegenwart*, Berlin 2001.

Inhalt

Der Nil in Aswân

Der Nil ist eines der großen Wunder dieser Welt[1]. Als längster Fluß der Erde durchquert er von seinen äquatorialen Quellen bis zur Mündung den afrikanischen Wüstengürtel. Ägypten ist das Land des Nils[2]. Ohne den Nil könnte Ägypten nicht existieren. Nicht umsonst verorten die Bibel und der Koran seine Quellen geradewegs im Paradies.

Im Raum von Aswân tritt der Strom nach Ägypten ein. Deshalb spielt die Region eine besondere Rolle in der Geschichte des Nils. Hier durchbricht der Strom den Pluton von Aswân, eine Felsschwelle aus Granit und Gneis, und bildet seinen (von Norden gesehen) Ersten Katarakt. Die Flußlandschaft mit Felsen, Inseln, Untiefen und Stromschnellen ist auch heute noch spektakulär – einst war sie dramatisch[3]: eine Barriere des Flußverkehrs und die natürliche Südgrenze Ägyptens.

Der Raum des Ersten Katarakts war damit zu einer besonderen historischen Rolle prädestiniert; und ein außergewöhnlicher Reichtum archäologischer Zeugnisse aus allen Epochen (Siedlungen, Heiligtümer, Steinbrüche, Militäran-

---

Dieser Text geht auf Vorträge zurück, die ich 2014 im Rahmen der Hecker-Vorlesung an der Universität Heidelberg, 2015 im Nubien Museum von Aswân, 2018 zum Erman-Tag der Berlin-Brandenburgischen Akademie der Wissenschaften und 2019 im Rahmen der Winckelmann-Adunanz an der Abteilung Rom des DAI halten durfte. Den Organisatoren danke ich dafür, daß sie mir die Gelegenheit dazu gegeben haben, meine Gedanken zu präsentieren, dem Publikum für die Geduld, mit der sie meine immer unfertigen Überlegungen angehört haben. Ich habe in dieser schriftlichen Fassung den Duktus des Vortrags weitgehend beibehalten. Alle Abbildungen stammen, soweit es nicht anders ausgewiesen ist, von mir. Für Hilfe bei der redaktionellen Bearbeitung danke ich Leonie Meyer herzlich.

---

1 Naturgemäß bietet der Nil, seine natürlichen Eigenschaften und seine Geschichte, der Forschung ein unendliches Feld. Zu den verschiedenen Aspekten nenne ich hier nur Lyons 1906, Toussoun 1925, Hurst 1957, Said 1993, Erlich – Gershoni 2000, Gershoni – Hatina 2008, Cooper 2014 und zur jüngeren Geschichte Tvedt 2004, Tvedt 2009.

2 Das vielzitierte Wort Herodots (Historien II,5), Ägypten sei ein „Geschenk des Flusses", hat Quack 2012: 338 in die richtige Perspektive gerückt, daß nämlich Herodot – frei von jedem erbaulichen Zungenschlag – einfach erkannt hat, daß die Talaue Schwemmland ist. Interessant wird Herodot vollends, wenn man noch ein Stück weiter liest; dann (Historien II, 10–11) findet man die ausführliche Spekulation, daß es sich bei der ägyptischen Talaue um einen durch den Fluß aufsedimentierten, alten Meerbusen handle – eine bemerkenswerte geoarchäologische Annahme, die die moderne Forschung tatsächlich bestätigt (Said 1993: 36–41).

3 Man betrachte etwa das phantastische Bild des österreichischen Orientmalers Hubert Sattler (Plasser 2009: 43) oder lese Schilderungen von der Durchschiffung des Katarakts (Cooper 2014: 150–152).

lagen …) gibt der historischen Arbeit eine sichere Grundlage. Dabei ist der Nil in Landschaft, Denkmälern und Geschichte so allgegenwärtig, daß sich der Versuch einer enzyklopädischen Behandlung in diesem Rahmen von vornherein verbietet. Mir geht es darum, einzelne neue Befunde, eingebettet in ihren größeren Kontext vorzulegen und zu versuchen, eine Linie des kulturhistorischen Verstehens zu skizzieren.

Das große Wunder des Nils ist seine jährliche Flut. Alte Bilder zeigen, wie der Strom in Flut die ganze ägyptische Talaue überschwemmte[4]. Der Zyklus zwischen Hoch- und Niedrigwasser gab den Takt des Lebens in Ägypten vor. Es ist deshalb tieftraurig, daß dieser Rhythmus durch die modernen Dammbauten gebrochen ist. Sich vor Augen zu stellen, wie sich einst das alles bestimmende Ereignis in der Landschaft entfaltete, fordert Nachforschung und Vorstellungskraft.

Glücklicherweise gibt es detaillierte Messungen und Beschreibungen[5]. Die Pegelstatistik (Abb. 1) zeigt An- und Abschwellen des Stromes in Regularität und Variation. Entscheidend ist es, das Geschehen nicht allein auf das Auf und Ab des Wasserstandes zu reduzieren. Der Wasserstand, die Fließgeschwindigkeit, die Sedimentlast und die Farbe spielten zusammen, die Flut des Nils zu einem sensorisch komplexen Phänomen zu machen.

Mitte Juni erreichte der Strom seinen tiefsten Stand. Zu dieser Zeit war das Wasser noch rein und klar. Mit der Sommersonnenwende begann die Flut. Dann verfärbte sich das Wasser erst grün – durch aus den Sümpfen des Sudd am Weißen Nil ausgespülte Algen –, dann rot, sobald der Blaue Nil die Sedimentlast aus dem äthiopischen Hochland heranführte. Der Pegel stieg durch Juli und August zügig an, und dabei nahm auch die Fließgeschwindigkeit mächtig an Fahrt auf. Ihren Gipfel erreichte die Nilflut im Regelfall Ende August/Anfang September. Dabei lag die Differenz zwischen Niedrig- und Hochwasser in Aswân bei acht Metern. Es gibt Photos, die zeigen, wie der Fluß fast bis auf Höhe der heutigen Corniche in Aswân gestiegen war. Nach Mitte September flaute die Flut dann ab, der Strom floß langsamer, der Pegel fiel in kleinen Schritten.

4 Gleichermaßen poetisch wie photographisch exakt ist z.B. Ernst Weidenbachs (oder Carl Graebs?) schönes Bild, das Assjut während der Flut zeigt (Lepsius 1849–1859: I, Blatt 62, Seidlmayer 2010: 326–327).

5 Maßgeblich sind hier die Pegeldaten von Aswân aus der Zeit vom Sommer 1870, als die modernen Pegelmessungen in Aswân aufgenommen wurden, bis zum Jahr 1898, als der Bau des ersten Staudamms in Aswân begonnen wurde. Sie repräsentieren tatsächlich das natürliche, von Eingriffen am oberen Lauf des Flusses noch unberührte Flutgeschehen (dazu Seidlmayer 2001a: 17–28).

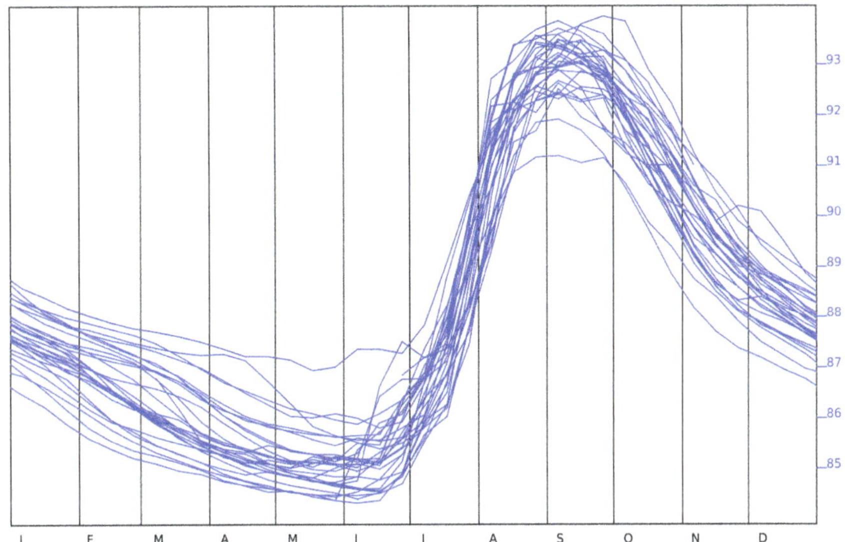

Abb. 1: Der natürliche Verlauf der Nilstände in Aswân in den Jahren 1870–1898 (Daten 10-Tages-Mittelwerte nach Hurst et al. 1933: 30–35).

Zwar ist der Nil seit der Antike für seine Pünktlichkeit berühmt, trotzdem ist die Nilflut von mehreren Eventualitäten beeinflußt. Sie fällt öfter einmal schwach, selten katastrophal hoch aus – beides ist fatal. Dabei waren die extrem hohen Fluten schlimmer als die zu niedrigen. Auch der zeitliche Verlauf variiert. So wurden z.B. die Maxima frühestens um den 25. August und spätestens um den 25. September erreicht. Beides, die erreichten Höhen und die Termine, zu denen diese Wasserstände erreicht wurden, waren entscheidend für die agrarische Nutzbarkeit der Flut: Es kam darauf an, daß die Flut rechtzeitig kam – und daß sie sich rechtzeitig wieder zurückzog. Anschwellen und Abflauen sind beides kritische Prozesse. Tückisch an der Variation des Nils ist weiter die bis heute ursächlich nicht aufgeklärte Zyklik der Flut im Maßstab etlicher Jahrzehnte – also die Phasen fetter und magerer Jahre. Die Flutstatistik von el-Roda, dem mittelalterlichen Nilometer in Kairo, läßt diese Fluktuationen gut erkennen[6].

6 Seidlmayer 2001a: 30–31.

Die Nilflut, wie sie sich im Kataraktgebiet abspielte, war also ein dramatisches und komplexes Ereignis: Wasserstände, Termine, Wassermengen und -geschwindigkeiten griffen ineinander und bestimmten für das Land Segen oder Desaster[7].

1 Vermessung

Schlüssel zum Leben mit dem Nil und seiner Flut ist die Beobachtung der natürlichen Abläufe. Das am besten bekannte Mittel zur Beobachtung des Nils sind die alten Nilometer (oder Niloskope).

Im Gebiet von Aswân gibt es vier Nilometer aus alter Zeit – und alle sind sie an Tempel angeschlossen. Im großen Sakralkomplex auf der Insel Philae am oberen Ende des Katarakts finden sich zwei: der große Nilometer aus der römischen Kaiserzeit sowie der kleine Nilometer, der wohl byzantinisch datiert[8]. Beide sind als Treppen ausgeführt: Ein überdachter Gang führt aus dem Tempelhof (bzw. dem Nebengelände) hinab zum Fluß, zu dem der Gang sich unten öffnet. An den Wänden des Treppenganges sind die Meßskalen abgetragen.

Die beiden anderen und wichtigeren Nilometer liegen auf der Insel Elephantine. Dort wird die Südspitze von den Resten der alten Stadt, der ursprünglichen Metropole der Region eingenommen. Dieser Ort bestand seit dem Ende des 4. JT. v.Chr., und im Lauf der Jahrtausende ist der Stadthügel auf an die 15 m Dicke angewachsen. In römischer Zeit wurde die Stadt von den zwei großen Tempelanlagen der Gottheiten Chnum und Satet beherrscht, und jeder dieser Tempel verfügte über einen Nilometer.

Der Nilometer des Chnumtempels ist als Heiliger See von fast quadratischem Grundriß gestaltet[9]. In der nordwestlichen Ecke des Gevierts stellt ein Gang die Verbindung zum Fluß her. Die Nord- und Südseiten des Beckens führen Treppen hinab, und auf der Nordwand sind die Nilometerskalen angebracht. Dieser Nilo-

7 Eine Studie zu historischen Nilständen und historischen Bewertungen habe ich früher vorgelegt (Seidlmayer 2001a). Den Befund der Textquellen behandelt Quack 2012.

8 Borchardt 1906: 8–11.

9 Jaritz – Bietak 1977, Seidlmayer 2001a: 55–56. Horst Jaritz' langjährige Forschungen zu den Bauten auf Elephantine und ihren Bezug zur Nilflut sind fundamental und werden hier immer wieder dankbar zitiert. Als eine frühere, zusammenfassende Arbeit nenne ich Jaritz 1988. Über die Bauten hinaus, die im Laufe dieses Aufsatzes aufgegriffen werden, schlägt Jaritz in Jaritz et al. 2017: 156–181 vor, auch den Pfeilerbau des sog. „Antoniusfensters" im Ostufer von Elephantine als Nilheiligtum zu deuten (insbes. S. 169–171). Dieser kenntnisreich und umsichtig vorgetragene Gedanke muß angesichts der Befundlage aber Hypothese bleiben.

meter ist in seiner überlieferten Gestalt fester Bestandteil der augusteischen Gestaltung der Flußterrasse und Uferfront des Tempels. Allerdings gibt es Gründe zu erwägen, ob seine Konzeption vielleicht bis in die Saitenzeit zurückreicht[10].

Der wichtigste Nilometer der gesamten Region ist jedoch der Nilometer des Satet-Tempels (Abb. 2). Dieser ist (wie die Nilometer auf Philae) in Form des Treppen-Typs ausgeführt und wie beim Chnumtempel in die römische Gestaltung der Uferfront integriert. Zugang zum Treppengang gewährte ein leider fast vollständig zerstörter Eingangsraum vom Vorkiosk des Tempels her. Der Bau des Nilometers wurde jedenfalls in augusteischer Zeit vollendet, vielleicht aber schon, wie Jaritz vermutet, mit dem Neubau des Satettempels selbst in ptolemäischer Zeit begonnen[11]. Auch in diesem Nilometer sind in der (westlichen) Seitenwand des Treppenganges die Meßskalen angebracht. Sie sind als Ellenstäbe mit Unterteilung in Fingerbreiten in die Wand eingearbeitet und mit demotischen und griechischen Zahlen numeriert.

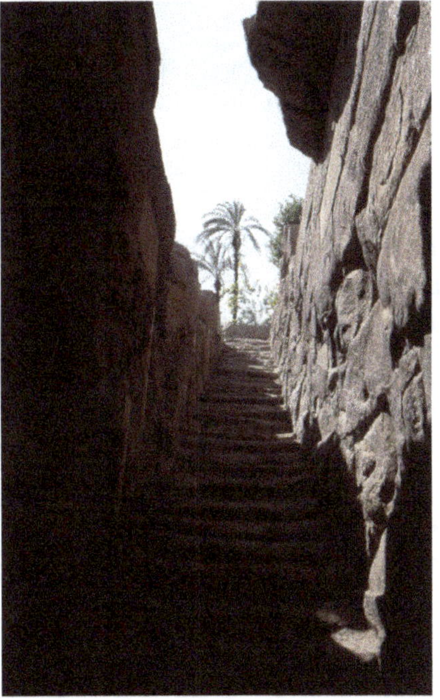

Abb. 2: Blick durch den Treppengang des Nilometers des Satet-Tempels auf Elephantine. Skalen und Inschriften stehen auf der rechten (westlichen) Seite.

10 Jaritz 1980: 9.
11 Borchardt 1906: 13–22, Jaritz in Jaritz et al. 2017: 123–155.

In einer faszinierenden Studie haben Horst Jaritz und Manfred Bietak herausgearbeitet, daß auf Elephantine tatsächlich zwei Skalen mit unterschiedlichem Nullpunkt in Gebrauch waren, die auf zwei Meßkonzepte zurückzuführen sind. Die eine gibt absolute Höhen über einem tief im Flußbett angesiedelten Nullpunkt; die andere sagt aus, wie hoch das Wasser bei Flut über einem idealisierten, mittleren Felderniveau stand[12].

Eine besondere Kostbarkeit im Nilometer des Satet-Tempels ist jedoch noch eine Serie teils aufs Jahr datierter griechischer Inschriften, ebenfalls auf der Westwand, die eine Reihe tatsächlich gemessener Fluthöhen des 1. und 2. Jahrhunderts n.Chr. dokumentieren. Allerdings muß man zugeben, daß nicht wirklich bekannt ist, wann im Jahr und aus welchem Grund diese Marken angebracht wurden. Wenn man die Werte für eine Auswahl günstiger Maxima hält, erlauben sie im Vergleich zur modernen Nilstatistik die Schlußfolgerung, daß die Fluthöhen des Altertums um rund 2 m unter denen der Neuzeit blieben. Diese Differenz ist der Akkumulation von Sedimenten im Flußbett, die selbst in der Kataraktregion stattgefunden hat, zuzuschreiben[13].

Diese Überlegung führt zu dem grundsätzlicheren Problem der Ablesungspraxis in den Nilometern. Für das pharaonische Ägypten weiß man darüber nichts – verbreitet denkt man, daß die Nilometer dazu da waren, die eingetretenen maximalen Fluthöhen zu dokumentieren, um daraus, wie vielfach, aber historisch nicht ganz zutreffend angenommen wird, die Steuerforderungen zu berechnen[14]. Die Berichte aus dem Mittelalter[15], bezogen auf den Nilometer von Roda in Kairo, zeigen jedoch ein elaboriertes Beobachtungssystem: Für einen bestimmten Zeitraum, ab dem 25. Ba'una im koptischen Kalender (um den 28. Juni[16]) wurde der Stand des im Nilometer verbliebenen Wassers als Ausgangs-

12 Jaritz – Bietak 1977.

13 Die Inschriften Borchardt 1906: 16–22, Bernand 1989: 224–234; zur Statistik dieser Meßwerte und zum Vergleich mit den modernen Pegeldaten Seidlmayer 2001a: 53–58.

14 Man darf sich den Zusammenhang zwischen Pegelablesung und agrarischem Ergebnis sowie der darauf bezogenen staatlichen Steuerforderung nicht zu mechanisch vorstellen. Weder läßt sich (ohne ein dreidimensionales Landschaftsmodell modernen Stils) aus einer Pegelablesung einfach erschließen, welche Felder wie gut bewässert wurden, noch ist der Zusammenhang zwischen Pegelwerten und Steuerforderungen in Antike und Mittelalter so festgelegt, wie manchmal angenommen wird (dazu Seidlmayer 2001a: 37 mit Lit.). Aber natürlich gab es ein globales Erfahrungswissen und einen darauf fußenden Pragmatismus der Steuererhebung.

15 Popper 1951: 58–59 und 64–88.

16 Da es das Ziel ist, überlieferte Daten mit dem Zyklus der Nilflut, wie er modern dokumentiert ist, zu vergleichen, müssen alle kalendarischen Angaben hier dem gregorianischen Kalender folgen. Dieser bildet das natürliche Sonnenjahr, von dem das Flutgeschehen abhängt, am besten ab. Angesichts der sehr erheblichen Zeiträume, die hier in Rede stehen, vier Jahrtausende und

punkt notiert, der Anstieg des Nils dann täglich abgelesen und in (ggf. massiv geschönter Form) öffentlich in der Stadt ausgerufen – und zwar bis die Marke von 16 Ellen erreicht war, zu der das große Fest der „Erfüllung“ der Flut (*wafâ el-Nîl*) gefeiert wurde. Dieses Niveau der 16 Ellen im Mittelalter entspricht wohl strukturell dem *sêma*, dem „Zeichen“ in den Nilometern der römischen Epoche, bei dessen Erreichen das Fest der Semasia anstand[17]. Wenn diese Marke erreicht war, galt die Flut als vollgültig eingetreten und die Bewässerungskanäle wurden geöffnet.

Tatsächlich war das Anliegen der Beobachtung im Nilometer vor allem die Prognose: So überliefert z.B. der Historiker al-Maqrîzi (1364–1442), daß die Höhe der Nilflut anhand der Nilometermessungen zwei Monate im Voraus prognostizierbar sei[18]. Sachlich stimmt das übrigens nicht[19]; die verfügbaren Daten zeigen im Gegenteil, daß es nicht möglich ist, den Ausfall der Flut über längere Zeiträume verläßlich vorherzusagen. Aber gestützt auf solche Berichte muß man vermuten, daß die Prodezedur der Niloskopie auch in alter Zeit Nilbeobachtung und Kalendarik komplex verschränkte.

Das Studium der erhaltenen Nilometer zeigt in ihrer Einbettung in die Tempelkomplexe ein konsistentes Bild. Allerdings darf man nicht übersehen, daß überhaupt alle erhaltenen Nilometer erst aus ptolemäischer und römischer Zeit datieren. Gleichwohl steht es außer Frage, daß im Alten Ägypten die Flut des Nils schon sehr viel früher systematisch vermessen wurde.

Die ältesten Meßdaten bietet bereits der Annalenstein des Alten Reiches für die 1. Dyn. Hier ist jedem Jahreseintrag ein Maß der Fluthöhe beigeschrieben. Allerdings bleibt unbekannt, wo und mit welcher Methode diese Maße genom-

---

mehr, sind die Verschiebungen des julianischen Kalenders gegen die astronomischen Fixpunkte erheblich, so daß auf der Basis julianischer Daten ein sinnvoller diachroner Vergleich nicht gelingen kann.

17 Bonneau 1964: 375–377, Popper 1951: 69–81.

18 Maqrizi 1895: 154; in seiner eigenen Beobachtung ist Maqrizi sehr viel vorsichtiger, hier berichtet er (S. 192), daß der am 1. Mesore (zu Maqrizis Zeit entspricht das etwa dem 3. August) abgelesene Pegelstand plus 8 Ellen den Flutstand angebe, der in diesem Jahr erreicht werden würde; oder wenn am 12. Mesore der Pegelstand von 12 Ellen erreicht sei, sei mit einem zufriedenstellenden Jahr zu rechnen (Maqrizi 1895: 165 mit Bezug auf eine ältere Quelle).

19 Anhand der Pegelmessungen der letzten natürlichen Nilfluten in Aswan kann man bestimmen, daß erst die Pegelwerte der letzten Julidekade überhaupt eine signifikante Korrelation mit dem Flutmaximum zeigen, und diese liegt nur bei r=0,43; der Wert steigt in den Dekaden des August auf r=0,55, r=0,68 und r=0,88 für die letzte August-Dekade. Eine Vorhersage des Flutergebnisses ist also selbst noch Mitte August ein Glücksspiel.

men wurden[20]. Ein weiteres wichtiges Dokument bietet die Weiße Kapelle Sesostris' I. aus dem Tempel von Karnak. Auf ihrem Sockel steht eine Maßtabelle, die (in welchem Sinne auch immer) „ideale“ Fluthöhen für Elephantine, Per-Hapi (bei Kairo) und Tell el-Balamun am Nordrand des Nildeltas bietet (Abb. 3)[21]. Interessanterweise hat diese Tabelle nicht nur Pegeldaten zu den drei Beobachtungsposten, sondern auch Werte für die erreichte Fluthöhe über den Feldern für die so gebildeten zwei Talabschnitte. Hier kehrt also die doppelte Meßmethode der Elephantiner Nilometerpegel wieder. Die in der Tabelle verwendete Terminologie gibt Anlaß zu der Annahme, daß der Text mindestens schon aus dem späten Alten Reich stammt.

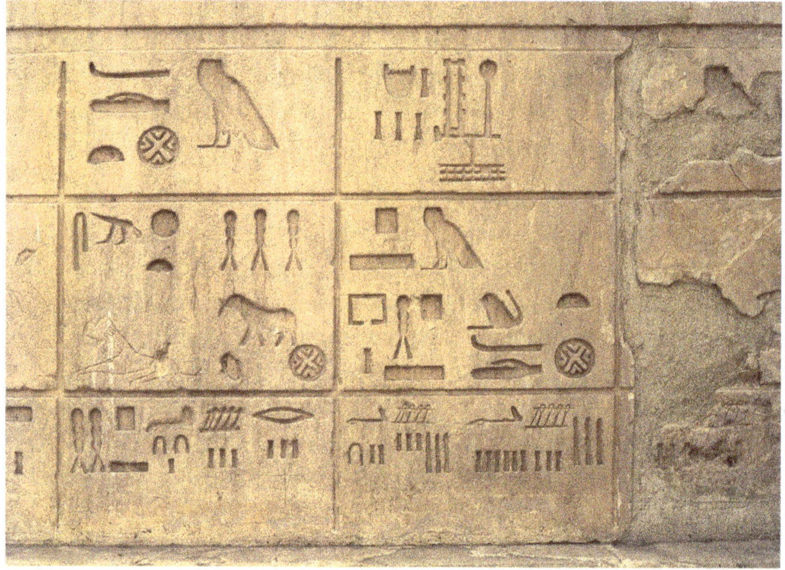

Abb. 3: Tabelle der Flutstatistik von der Weißen Kapelle Sesostris' I. in Karnak. Der Ausschnitt zeigt die Pegelwerte für die drei Meßstationen.

Für Elephantine gibt diese Liste einen „idealen“ Pegelwert von 21 Ellen und 3 1/3 Handbreiten. Da dieser Wert in den Abmessungen des Nilometers des Chnumtempels wiederkehrt und in der Architektur der monumentalen Ufertreppe im Hafen-

20 Seidlmayer 2001a: 87–89 mit weiterer Literatur.

21 Lacau – Chevrier 1956: 238–241 und Pl. 42; diese Maßtabelle und ihre Geschichte habe ich diskutiert in Seidlmayer 2001a: 93–103.

bereich der Stadt (s.u.) markiert ist, wird dadurch nicht nur bewiesen, daß es bereits im Alten Reich in Elephantine einen Nilometer gegeben hat, sondern auch, daß dieser schon im Grundsatz dieselbe Skala wie die späteren Nilometer am Ort benutzte. Außerdem belegt die Tabelle, daß die an den Nilometern gewonnenen Meßwerte bereits in alter Zeit zu einem System idealisierter Zahlen verdichtet wurden[22]. Anders sind die rekurrenten Dreierwerte bei allen drei Ablesungen nicht erklärbar. Auch für den thebanischen Raum beweisen Nilstandsmarken, denen Ellenwerte beigeschrieben sind, daß es einen Nilometer mit derselben Skala, wie sie noch in römischer Zeit in Gebrauch war, mindestens schon am Ende des 2. JT v.Chr. gegeben hat[23].

Die archäologische Realität dieser frühen Nilometer, konkret des frühen Nilometers von Elephantine, bleibt allerdings unbekannt. Die archäologisch-topographische Gesamtsituation dort erlaubt jedoch eine nicht unwichtige Feststellung: In alter Zeit kann die Nilmessung keinesfalls wie später im architektonischen Kontext der Tempel ausgeführt worden sein. Diese Möglichkeit wird einfach durch die geringe Größe der alten Tempel und die Tatsache, daß sie von der alten Stadtanlage umschlossen waren, ausgeschlossen. Über dem praktischen Kontext der frühen Nilometrie steht also ein großes Fragezeichen.

Es ist deshalb wichtig, sich vor Augen zu stellen, daß es auch andere Formen der Flutbeobachtung gegeben hat. Tatsächlich konnte der Ablauf der Nilflut an jedem festen Punkt der Landschaft beobachtet werden.

Gerade Architekturen, die an die Uferlinie herantraten, boten dazu unmittelbare Gelegenheit. Dies gilt z.B. für die große Landungstreppe im Nordosten der Insel Philae vor dem Stadttor des Diokletian, auf deren nördlicher Wange eine Nilometerelle markiert ist[24]. Auf dem Stadttor selbst findet sich außerdem eine griechische Inschrift, die dokumentiert, daß in einer extrem hohen Flut der „hochheilige Nil“ durch das Tor in die Stadt eintrat[25] – damals vermutlich eine ziemliche Kalamität. Eine ähnliche Treppenanlage, ebenfalls römisch, gibt es auf Elephantine[26]. An diesem Bauwerk sind signifikante Flutniveaus durch Unterschiede im Mauerwerk markiert. Auf dem Niveau der „idealen“ Flut sind in die

---

22 Seidlmayer 2001a: 97–98.

23 Seidlmayer 2001a: 68.

24 Borchardt 1906: 11, Bernand 1969: 318 No. 246.

25 Borchardt 1906: 12, Bernand 1969: 214–217 No. 187 (glücklicherweise ist die Inschrift nicht verschwunden, wie dort befürchtet wird).

26 Jaritz in Jaritz et al. 2017: 191–228.

Treppenwangen Reliefs eingelassen, die das Bild des bequem hingelagerten Nilgottes in der Ikonographie der Klassischen Antike zeigen[27].

Aus noch späterer, wohl byzantinischer Zeit datiert die aus der Uferlinie von Aswan in den Strom vorgeschobene Kirche des Hl. Psoti, die ebenfalls in einer signifikanten Beziehung zum Strom und seiner jährlichen Flut stand, in die das Bauwerk jährlich mindestens tief eintauchte, vielleicht auch partiell überflutet wurde[28].

An solchen Anlagen konnte im öffentlichen Raum also jedermann die Entwicklung des Flutgeschehens mitvollziehen, und angesichts der enormen ökonomischen Bedeutung der Entwicklung der Nilflut standen die tagesaktuellen Ablesungen des Nilometerpegels im Zentrum des öffentlichen Interesses. In Kairo pflegten, wie erwähnt, im Mittelalter die Ablesungen täglich ausgerufen zu werden[29]. In schwierigen Jahren konnte sich dies durchaus zum Problem entwickeln, so daß es auch Versuche gab, die öffentliche Kenntnisnahme des Flutgeschehens zu verhindern[30]. Bauwerke, die genau diese öffentliche Teilnahme ermöglichten, waren also nicht ohne potentielle Brisanz.

Die Beobachtung des Flutgeschehens konnte jedoch auch außerhalb des gebauten Raumes an festen Punkten in der Landschaft geschehen – und die Felsen der Kataraktgebiete boten dazu eine Fülle an Gelegenheiten. Wir wissen z.B., daß man im Mittelalter in Aswân einen bestimmten Felsen namens „*al-Buhlul*" beobachtete – wenn dieser von der Flut überspült wurde, wußte man, daß in Kairo die 16 Ellen erreicht werden würden[31]. Wohlbekannt aus pharaonischer Zeit sind weiter die Nilstandsinschriften des späten Mittleren Reiches am Katarakt von Semna, die ebenfalls frei auf die Felsen der natürlichen Landschaft gesetzt dort – zumindest scheinbar – eine Periode exzessiv hoher Nilfluten dokumentieren[32].

Es ist deshalb naheliegend, auch nach der Beziehung der zahlreichen Felsinschriften des Aswâner Gebiets zum Fluß und zum Flutgeschehen zu fragen. Hier ist es jedoch auffallend, daß sich die Inschriften eigentlich niemals direkt auf den

---

27 Jaritz in Jaritz et al. 2017: 204–206, Taf. 72–73, Martin 1987.

28 Jaritz 1985, Seidlmayer 2013.

29 Popper 1951: 58–59, Lane 1895: 484–486.

30 Shoshan 1993: 62, Maqrizi 1895: 171. Im Zentrum der Problematik standen die verheerenden Auswirkungen eines schleppenden Flutverlaufs auf Angebot und Preise für Getreide und andere Nahrungsmittel. Es wäre zu fragen, ob solche Mechanismen einer Marktwirtschaft in der grundsätzlich anders gelagerten Ökonomie des Alten Ägypten überhaupt eine Rolle gespielt haben können.

31 Popper 1951: 70–71, die zitierte Quelle, Jafar al-Adfuwî, stammt aus dem 14. Jhdt.

32 Lepsius 1852: 259–260, Seidlmayer 2001a: 73–80 mit weiterer Literatur.

Nil beziehen. Immerhin eine Inschrift gibt es, aus dem Mittleren Reich, in der sich der Urheber mit einem Gebet direkt an den Gott der Nilflut wendet und die Bitte ausspricht „daß sein (sc. des Besitzers der Inschrift) Herz in dieser reinen Flut Frieden finden möge“[33]. Diese Inschrift war auf einem in den Strom vortretenden Felsblock auf dem Ostufer von Aswân angebracht. Leider ist sie heutigentages unter der modernen Uferstraße verloren, aber aufgrund ihrer Lage, wie sie aus alten Photographien ersichtlich ist, läßt sich feststellen, daß die Inschrift tatsächlich jedes Jahr in der Flut versank.

Ganz in der Nähe soll es eine zweite Inschrift gegeben haben (leider ist es mir nicht gelungen, sie wiederzufinden), die ebenfalls so tief lag, daß sie jährlich von der Flut überspült werden mußte. Hier fällt auf, daß die Göttin Nut, der außer ihrer Rolle als Himmelsgöttin auch eine aquatische Identität eignete, als Nilpferd(statue) dargestellt ist – vermutlich doch eine Referenz auf das aquatische *setting* der Inschrift[34].

Vor allem die Inschrift mit dem Gebet an den Nil ist nach Art und Inhalt einzigartig. Es gibt jedoch andere Inschriften, für die der Bezug zur Nilflut essentiell ist. Hier sind zwei große Inschriften zu nennen, die auf der Felswand unter dem Ferial-Garten auf dem Ostufer angebracht sind. Beide Texte stammen aus der Zeit der Königin Hatschepsut, und ihre Urheber, im einen Fall Senenmut, im anderen der Hohepriester des Amun von Karnak, Hapuseneb, berichten vom Transport monumentaler Obelisken nach Karnak[35]. Beide Inschriften sind in der Felswand hoch angebracht, auf einem Niveau, das dem Gipfel der Nilflut entspricht. Diese Lage der Inschriften steht in einem natürlichen Bezug zu ihrem Inhalt, denn die Obelisken konnten tatsächlich nur beim Höchststand der Flut verschifft werden. Die Höhenlage der Inschriften codiert also auch diesen temporalen Zusammenhang.

Weiter findet sich auf einer kleinen Felsinsel namens Kafrije, im Fluß gleich nördlich der modernen Fährlinie, ein wichtiges Ensemble von Inschriften. Kafrije ist eine glattwandige Granitrippe, die nur in ihrer Gipfelzone eine Reihe allerdings höchst spektakulärer Felsreliefs trägt (Abb. 4). Alle stammen von Finanzfunktionären aus der Regierungszeit Amenophis' III. Die profilierteste Gestalt unter ihnen ist der Vermögensverwalter der Königin Teje, Cheruef[36]. Die Texte

33 Seidlmayer 2013.

34 Habachi 1979: 230 u. Pl. 3, zur aquatischen Dimension der Göttin Nut Leitz 2003: 274–278, insbes. 275 und Griffith Thompson 1904: I, S. 52–55 zu Col. VI.18–19a; eine ausführliche Behandlung dieser Inschrift Seidlmayer i.Vb.(1).

35 Die Inschrift des Senenmut Lepsius 1849–59: III Blatt 25bis, q, de Morgan et al. 1893: 41, No. 181bis, Habachi 1957: 92–95, Niedzólka 2001; zum Gesamtzusammenhang Seidlmayer iVb.(2).

36 De Morgan et al. 1893: 44, die Inschrift des Cheruef Habachi 1971: 68–69, Habachi 1980: 22

selbst bleiben leider vollkommen unspezifisch. Sie sind der Anbetung des Königs gewidmet, wie es dem exorbitanten Status dieser Männer entsprach. Gleichwohl wirft die archäologische Bearbeitung im Gelände einen Befund auf, der hier zur Sprache zu bringen ist. Die Inschriften stehen nämlich genau auf der Höhe der 21. Elle der Elephantiner Nilometerskala, also dem seit alters verbuchten, oberen Normwert, der noch für die Anbringung der Nilgottreliefs an der römischen Monumentaltreppe maßgeblich war[37].

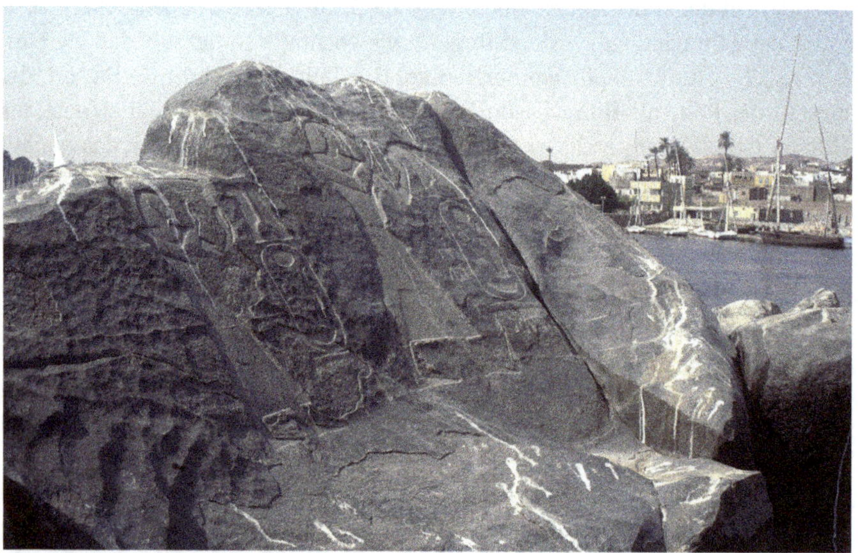

Abb. 4: Felsinschriften aus der Zeit Amenophis' III. in der Gipfelzone des Inselchens Kafrije.

Die Frage ist natürlich, wie dieser Sachbefund zu verstehen ist. Handelt es sich um einen glatten Zufall? Immerhin darf festgestellt werden, daß der Inselkörper auch unterhalb dieser Linie große und schöne Felsflächen bot, die zur Anbringung der Relieftableaux perfekt geeignet gewesen wären. Handelt es sich wie im Fall des Hapuseneb um einen technisch-kalendarischen Nebeneffekt? Wenn diese Männer ebenfalls zur Verschiffung unter ihrer Oberaufsicht entstandener Steinmonumente nach Aswân gekommen wären, hätte sich ein solcher Besuch zwangsläufig um die Zeit des Flutgipfels ereignet.

---

u. Pl. 88A (dort fehlerhaft auf Hassawanarti lokalisiert), eine vollständige Neupublikation der Inschriftengruppe Seidlmayer i.Vb. (1).

37 Die Bestimmung des Niveaus der Inschriften verdanke ich Arnold Kreisel.

Allerdings ist es wichtig, hier nicht einen falschen Kontrast zwischen dem technischen und dem sakralen Kalender aufzubauen. Es ist gut bekannt, daß die hohen Würdenträger des Alten Ägypten eine Beziehung zu den Kulten ihrer Auftragsregionen herstellten – Jean Yoyotte hat das beschrieben als *„passer en pèlerinage"*, also „auf einer Wallfahrt vorbeikommen"[38]. Das heißt, auch wenn der praktische Anlaß der Dienstreise in einem technisch-administrativen Auftrag bestand, werden die Funktionäre doch auf jeden Fall die in diesen Zeitraum fallenden Feste der Tempel von Elephantine besucht haben. Dadurch erhält das kalendarische Moment immer auch eine praktisch ausagierte sakrale Dimension: Es könnte eben sein, daß die Inschriften im Rahmen eines Festgeschehens angebracht wurden, das inhaltlich und strukturell den Semasia der griechisch-römischen Periode bzw. der *wafâ* des Mittelalters und der frühen Neuzeit entsprochen hätte.

Die Signatur der Nilflut finden wir also in der ganzen Felslandschaft des Katarakts.

2 Erklärung

Das reiche Phänomen der Nilflut zu verstehen und zu erklären gab der Alten Welt Rätsel auf. Die Geographen der Klassischen Antike und des Mittelalters diskutieren kontrovers die verschiedensten Theorien über die Lage der Nilquellen und vor allem die Ursachen der Flut. Vielleicht die charmanteste Theorie, jedenfalls entschieden *„out of the box"* gedacht, war die Vermutung, daß die Flut eigentlich der Normalzustand des Flusses sei, und man erklären müsse, wie es kommt, daß er im Frühsommer austrocknet[39]. Verglichen damit finden wir im pharaonischen Ägypten weniger Rätsel, eher einen Überschuß simultaner Antworten. Dabei fallen Nil und Nilflut zusammen. Das ägyptische Wort Hapi „Nil" meint die Nilflut[40].

Die Quellen der Nilflut lokalisiert das Alte Ägypten in der Felslandschaft des Katarakts. Das schöne Bild im Hadrianstor auf Philae (Abb. 5) zeigt den Gott der

38 Yoyotte 1960: 24.

39 Eine Diskussion der Theorien der Antike findet sich in Bonneau 1964: 135–214; an diese Gedankenwelt schließt die arabische Literatur des Mittelalters an, z.B. Maqrizi 1895: 143–161.

40 Zum Wort *ḥʿpj* de Buck 1948, zu seiner Opposition zu *jtrw* „Fluß" Roccati 1998: 88. Charakteristischerweise wird das Äquivalent von *ḥʿpj* in anderen, nillosen Ländern nicht in deren Flüssen gesehen, sondern im Regen, als *ḥʿpj m p.t* „die Nilflut am/vom Himmel", so im großen Sonnenhymnus des Echnaton Sandman 1938: 95.5.

Flut in seiner von einer Schlange umwundenen Kaverne in der Katarakteninsel Biggeh gegenüber von Philae. Natürlich war den Alten Ägyptern immer schon vollkommen klar, daß der Fluß und auch das viele Wasser im Spätsommer weit, weit aus dem Süden kamen. Nach Ägypten trat die Flut jedoch im Kataraktgebiet ein und wurde hier zum Gegenstand der rituellen Aufmerksamkeit und Begleitung. Vor allem aber entfaltete sich die Nilflut als ökologisch-ökonomisches Phänomen tatsächlich nur über der auch erdgeschichtlich besonderen Konfiguration der Talaue Ägyptens, die es in dieser Form weiter südlich nicht gibt. Daher ist die Rede von den Nilquellen im Katarakt gar nicht so absonderlich, wie sie dem modernen Leser ersteinmal vorkommt. Die Nilflut in diesem spezifischen Charakter ereignet sich tatsächlich erst in Ägypten.

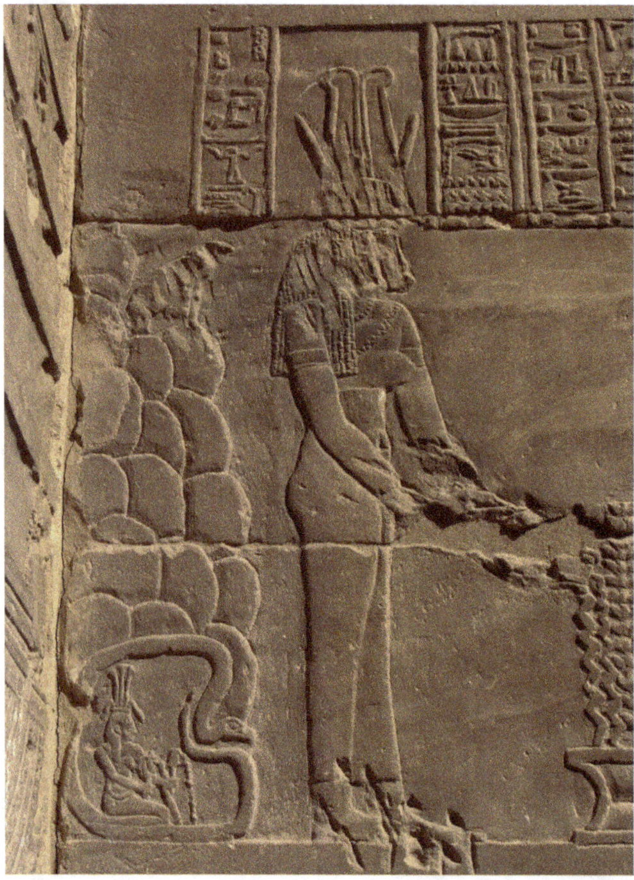

Abb. 5: Der Nilgott in seiner Felshöhle am Fuß der Insel Biggeh. Darstellung im Hadrianstor auf Philae.

Das Bild im Hadrianstor und andere Bilder des Nils zeigen, daß die Nilflut selbst als ein Phänomen göttlicher Qualität gedacht war, aber es charakterisiert das altägyptische Denken, die Flut und ihren segensreichen Verlauf nicht als Einzelphänomen, als „autonome" Gottheit zu denken, sondern eingebettet in ein kompliziertes Gefüge göttlicher Verursachung. Unsere Frage – wie sich die Alten Ägypter die Ursache der Nilflut dachten – findet sich vorformuliert (und beantwortet) in einer der großen Inschriften der Region, der Hungersnotstele, einer Felsinschrift oben auf der Insel Sehel mit Blick in die weite Kataraktlandschaft[41].

In diesem Text fragt der König, aufgeschreckt durch ein siebenjähriges Versagen der Flut, genau dies, und kein geringerer als der Weise Imhotep geht in die Bibliothek und recherchiert. Die Antwort ist: „Es gibt eine Insel mitten im Strom, Elephantine mit Namen ... Chnum ist der Gott, der dort regiert ... seine Sandalen ruhen auf der Flut; er hält den Türriegel in der Hand und öffnet das Tor nach seinem Belieben."

Dieser Text bietet aber auch einen Einstieg in die Probleme. Zwar datiert sich die Inschrift selbst in die Zeit des Königs Djoser in der 3. Dyn. am Anfang des Alten Reiches; nach äußerer und innerer Form gehört sie aber in die Zeit der Ptolemäer. Die genaue Datierung steht weiter in der Diskussion, verbreitet wird die Inschrift Ptolemaios V. zugeschrieben[42]. Der Text ist also – aus ägyptologischer Perspektive – recht jung. Und es ist sehr viel schwieriger, vergleichbar klare Aussagen in alter Zeit zu finden. Für den Chnum von Elephantine gibt es immerhin in einer der Kapellen der 11. Dyn. einmal eine klare Formulierung: „Ich spalte Dir die beiden Felsen von Biggeh" (also die Nilquelle) verheißt Chnum dem König[43], aber man würde sich sehr täuschen, wenn man erwartete, daß die Bilder und Inschriften der frühen Heiligtümer um die Rolle des Chnum als Bringer der Nilflut kreisen.

So ist es auch bei den beiden Göttinnen, die mit Chnum zusammen die Triade von Elephantine bilden, Satet und Anuket[44]. Die Rolle, die diese Gottheiten in der Kontrolle des Flutgeschehens spielten, wird in den Tempelinschriften der griechisch-römischen Zeit ausbuchstabiert. Der Göttin Satet (der „Schützin/Schütterin") fällt es zu, das Quelloch des Nils durch einen Pfeilschuß zu öffnen und

---

41 Gasse – Rondot 2007: 336 mit Bibliographie, Leseübersetzung Lichtheim 1980: 94–103; s. auch Quack 2012: 348–353.

42 Die alternative Datierung unter Ptolemaios IX. Soter II. greift wieder auf Grenier 2004 mit Bezug auf die Inschrift, die vom Besuch dieses Herrschers auf Elephantine zum Zeitpunkt des Flutgipfels im Jahr 115 v.Chr. und seiner Teilnahme an den Opferriten dort berichtet (Bernand 1989: 194–219, No. 244); eine Übersicht zur Datierungsfrage Quack op.cit.

43 Kaiser 1975: Taf. 20b.

44 Zu diesen Göttinnen Valbelle 1981: insbes. 140–141, § 61, Laskowska-Kusztal 1990: 26–31.

dadurch das Steigen der Flut auszulösen. Umgekehrt ist es die Rolle der Anuket (interpretiert als „Einschnürerin“, „Umarmerin“), das rechtzeitige Ende der Flut herbeizuführen.

Unglücklicherweise sind die Texte der alten Zeit sehr viel weniger explizit. In den Pyramidentexten wird zwar Satet als Bringerin des Libationswassers genannt[45], jedoch beziehen sich die Epitheta der Gottheiten noch im Neuen Reich in keiner Weise auf ihre Rolle in der Kontrolle der Nilflut. Trotzdem ist den Tempeln auf Elephantine wichtige Information zu entnehmen. So trägt der Tempel der Satet, den Sesostris I. in der 12. Dyn. errichten ließ, auf seiner Front eine lange Bauinschrift theologischen Inhalts. Leider ist der Text sehr zerstört; es ist jedoch genug erhalten um zu erkennen, daß der Text wesentlich mit der Theologie der Nilflut befaßt war[46].

Noch wichtiger sind die erhaltenen Informationen über die Feste, die in den Tempeln begangen wurden. Bereits im Tempel Sesostris' I. gibt es eine bedeutende Szene, die sich auf die Flut des Nils bezieht[47]. Im Zentrum des erhaltenen Bildes sieht man einen Wasserlauf, dem auch die Legende *jj(.t) ḥʿpj* „Kommen des Nils“ beigeschrieben ist. Zuseiten des Wasserlaufs werden Ritualhandlungen durchgeführt; im unteren Register des Bildes reinigen sich Priester in einem Wasserbecken.

Dieses Detail stellt die direkte Beziehung zu einem Bild auf der westlichen Außenwand des Satettempels der 18. Dyn. her, so daß davon ausgegangen werden kann, daß in beiden Tempeln dieselbe Festszene dargestellt war[48]. Die Beziehung zwischen den Bildern im Tempel des Mittleren und des Neuen Reiches läßt sich inzwischen weiter vertiefen. Am linken Rand der Festszene im Tempel des Neuen Reiches war die Darstellung eines Thronpavillons angegliedert (Abb. 6). Obwohl dieses Bild fast ganz zerstört ist, zeigen die Reste, daß auf der Thronestrade nicht nur der König selbst thronend dargestellt war, sondern auch (dies belegen die Reste der Beischrift) die Göttin Satet dem König zugewandt. Aufgrund der Raumverhältnisse müssen hier der König und Satet verschränkt thronend in engem Kontakt gezeigt gewesen sein – und genau dieses Motiv ist im Tempel des Mittleren Reiches erhalten (Abb. 7)[49] und damit der Festszene im Tempel Sesostris' I. zuzurechnen. Der Segen dieses großen Fests, das dem „Kommen“ der Flut, also ihrem Beginn oder Anstieg gewidmet war, wird in den Darstellungen der Tempel damit aus dem intimen Kontakt, den nur der König mit den Gottheiten pflegen kann, hergeleitet.

---

45 Valbelle 1981: 87.
46 Schenkel 1975, Helck 1978.
47 Kaiser in Kaiser et al. 1987: 84–88.
48 Kaiser in Kaiser et al. 1987: Taf. 9.
49 Kaiser in Kaiser et al. 1988: Taf. 52.

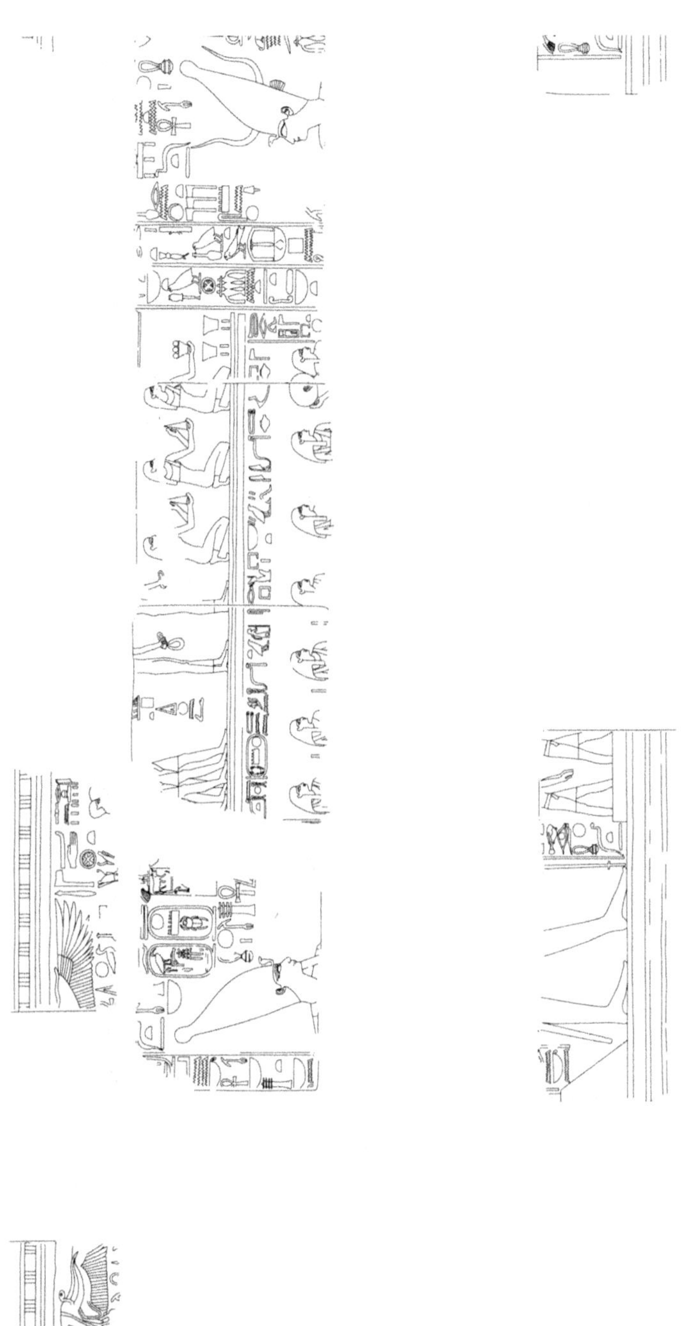

Abb. 6: Das große Fest der Satet, dargestellt auf der Westwand des Satet-Tempels von Elephantine (photogrammetrische Aufnahme und Zeichnung Ulrich Kapp, digitale Bearbeitung Anita Kriener / DAI Kairo).

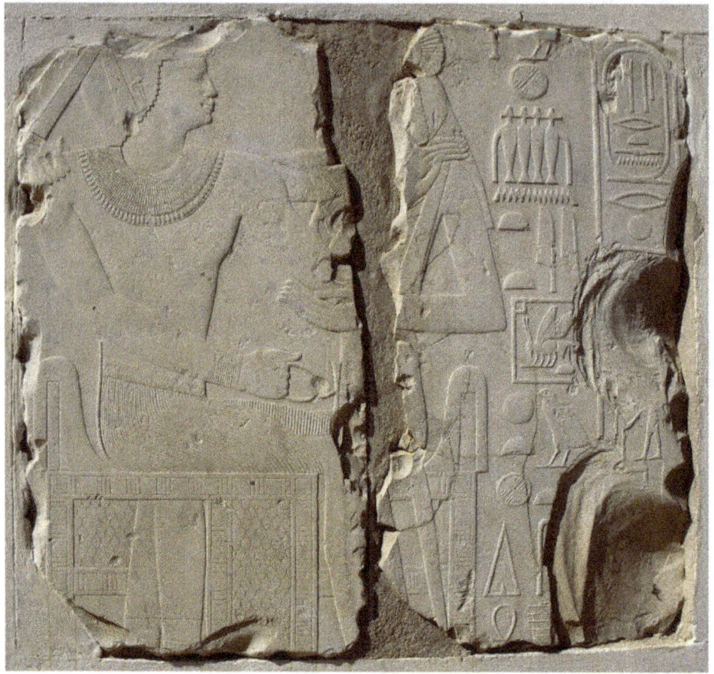

Abb. 7: Der König und die Göttin Satet thronen gemeinsam. Darstellung im Satet-Tempel Sesostris' I.

Mit diesen Festriten steht auch die Architektur des Tempels in offensichtlichem Zusammenhang. Seit dem Mittleren Reich sind die Tempelanlagen der Satet mit Wasserrinnen und Wasserbecken ausgestattet, die dem rituellen Vollzug des Flutgeschehens gedient haben[50]. Den Forschungen von Felix Arnold ist die wichtige Einsicht zu danken, daß in der 18. Dyn. ein solcher Rinnenverlauf, der vom Chnumtempel zum Satettempel hinabführte, den Fußboden des Satettempels durchquerte und genau unter dem Festbild aus dem Tempel in einen öffentlich einsehbaren Raum trat[51]. Die besondere Gestaltung des Bildes der Göttin Satet in dieser Szene, mit eingelegtem Auge und goldener Haut markiert diesen fokalen Punkt[52]. Leider ist das Datum dieses Fests nicht überliefert. Aus inhaltlichen Gründen muß es jedoch in der Spanne, in der die Flut „kam" angenommen

50 Z.B. Kaiser et al. 1987: Taf. 7, Pilgrim in Kaiser et al. 1997: 152–155.

51 Arnold 2014/2015.

52 Am originalen Block, der sich heute im Louvre befindet, ist die Vergoldung des Gesichts der Göttin noch gut zu erkennen.

werden, d.h. zwischen dem rituellen Beginn der Flut zum Sothisaufgang (in der 18. Dyn. in Aswân ca. 29. Juni[53]) und dem vollgültigen Eingetreten-Sein der Flut, entsprechend der *wafâ* (im positiven Falle um den 10. August).

Auf der Südseite des Satettempels der 18. Dyn. ist ein weiteres Festbild angebracht. Es zeigt das große Prozessionsfest der Göttin Anuket. Dieses Fest scheint im Neuen Reich das wichtigste öffentliche Fest der Region gewesen zu sein, und es gibt mehrere Inschriften, die sich darauf beziehen[54]. Unter ihnen ist die Stele Amenophis' II aus dem Chnumtempel (das Elephantine-Exemplar der sog. Amada-Stele), die heute teils in Kairo, teils in Wien aufbewahrt wird, von besonderer Bedeutung. In diesem Text wird berichtet, daß der König die Mittel stiftete, die Dauer des Fests von ursprünglich nur drei auf vier Tage zu verlängern. Dieses Fest wurde im 1. Monat der *šmw*-Jahreszeit an einem durch die Mondphase definierten Tag gefeiert. Dieses Datum fiel in der 18. Dyn. in den Monat April, also eine Phase schon des niedrigsten Wasserstandes[55]. Durch dieses Festdatum ist der Kult um die Göttin Anuket mit dem Abflauen der Flut und dem Niedrigwasser verknüpft, so wie die Göttin Satet mit ihrem Ansteigen und dem Hochwasser.

53 Krauss 1985: 36–50, de Jong 2006.

54 Es sind dies das Bild im Satet-Tempel, das Elephantine-Exemplar der Amada-Stele Amenophis' II. (Klug 2002: 278–285, Text Helck 1955: 1287–1299) und eine Felsinschrift des Vizekönigs Usersatet auf Ras Sehel (Gasse – Rondot 2007: 148–149 mit weiterer Literatur). Die Texte bedienen sich unterschiedlicher Wendungen; Usersatet spricht von *ḥb=s nfr n wḏꜣ r Sṯ .t* „ihr schönes Fest der Fahrt nach Sehel"; auf der Amada-Stele heißt es *ḥb=s n St.t* und *ḥb=s n tpj šmw* „ihr Nubien-Fest" (wobei Nubien und Sehel fast gleichlautend sind) und „ihr Fest des ersten Monats der *šmw*-Jahreszeit"; die Inschrift im Satet-Tempel spricht von *tr=s nfr n tp(j) rnp.t* und *dw r tꜣ m ḥtp m Sṯ.t* „ihre schöne jährliche (Fest)Zeit" und „anlanden in Frieden auf Sehel" (zu *tp-rnp.t* und *n-tp.j-rnp.t* als „jährlich" s. Erman Grapow 1926–1931: V, 276, 6–7 bzw. V, 270, 11). Aufgrund der engen chronologischen und kontextuellen Verbindung halte ich es für sicher, daß hier immer von demselben Fest die Rede ist. Dabei ist unbestritten, daß es im Gebiet von Aswan zahlreiche Feste, auch Prozessionsfeste gegeben hat. Das zeigen schon der fragmentarische Festkalender aus dem Chnumtempel (Sethe 1927: 822–829, Schott 1950: 946) und die Inschrift des Humen auf Hassawanarti (Habachi 1950). Trotzdem ist davon auszugehen, daß gerade die prominente königliche Aufmerksamkeit sich auf wenige Feste fokussierte. Deshalb scheint es mir nicht vorstellbar, daß auf dem Satet-Tempel ein anderes Anuket Fest dargestellt war, als das, dem Amenophis II. seine Fürsorge zuwandte, und daß beide Feste auch noch denselben Ritus – die Schiffsprozession nach Sehel – zum Inhalt gehabt haben sollten.

55 Bezogen auf einen idealisierten Kalender, in dem der Jahresbeginn auf den Sothisaufgang fällt, fiele das Datum in den Bereich Ende Februar/Anfang März, also eine Phase des Abflauens der Flut.

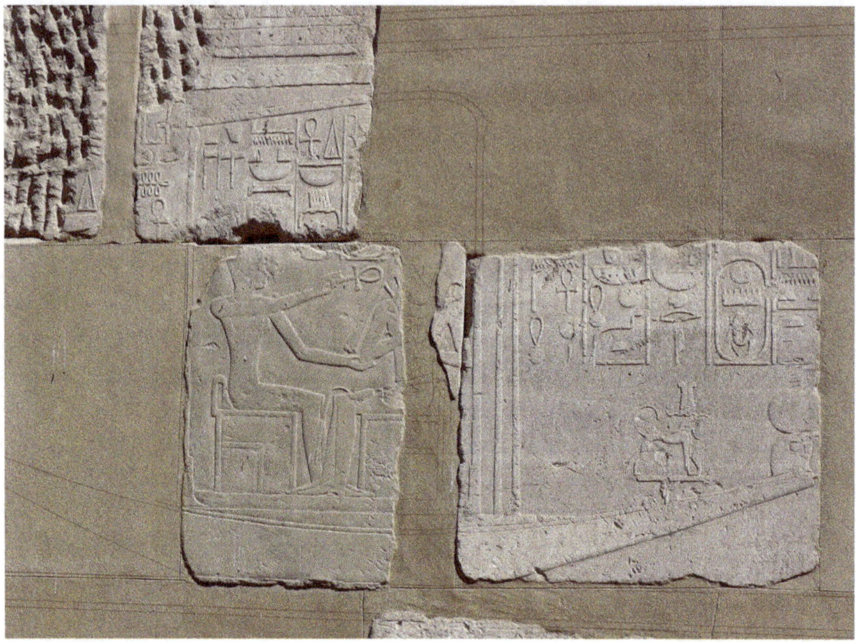

Abb. 8: Die Barke der Göttin Anuket bei ihrem Prozessionsfest nach Sehel. Darstellung auf der Südwand des Satet-Tempels von Elephantine.

Zentraler Ritus des Festes der Anuket war, daß ein normalerweise auf Elephantine bewahrtes Kultbild der Göttin in einer Flußprozession ihr ursprüngliches Heiligtum auf der Insel Sehel aufsuchte. Genau diese Flußprozession ist in den Festbildern des Satettempels dargestellt, und auch hier wird gezeigt, wie der König und die Göttin in der Barke einander zugewandt gemeinsam thronen (Abb. 8) – es wird also dieselbe Beziehung zwischen dem lokalen Nilfest und der Ideologie des sakralen Königtums hergestellt. Um diese Fahrt nach Sehel erfolgreich unter den Bedingungen des Niedrigwassers durchführen zu können, mußte der Flußarm auf der Ostseite der Insel Sehel passierbar sein. Berühmte Inschriften am Ort haben die Reinigung dieses Kataraktenkanals von Sehel zum Gegenstand. Die ältesten stammen aus der Zeit Sesostris' III., und in einer werden sogar Maße für den Kanal genannt, die zeigen, daß es sich dabei nur um ein kurzes Stück handelte (150 Ellen, also knapp 80 m lang), das nur die Zufahrt zur Landestelle an der Südspitze der Insel Sehel und keineswegs die Passage an Sehel vorbei nach Süden zum Ziel haben konnte[56]. Die Kanalbauinschriften Thutmosis' I. und Thut-

56 Gasse – Rondot 2007: 77–80.

mosis' III., wie die Sesostris' III. an der steilen Ostflanke von Sehel angebracht, sind dann auch in den 1. Monat *šmw* datiert, ein Datum, das eine direkte Beziehung zum Fest der Anuket herstellt[57]. Im Anschluß an die Darstellung der Flußprozession zeigt eine weitere Szene am Satet-Tempel übrigens auch noch, wie der König für Anuket ein großes Opfer weiht, und dies geschieht in ihrem Tempel auf Sehel. Das Bild zeigt also die abschließende Kulthandlung am Ursprungsheiligtum der Anuket.

Es gibt noch andere Quellen, die darauf hindeuten, daß das Fest der Anuket bereits bis mindestens in das Mittlere Reich zurückdatiert. So wurde auf Elephantine ein Altar aus dem späten Mittleren Reich gefunden, dessen Inschrift eine Prozession der Anuket nennt. Und auf Sehel finden sich Felsinschriften derselben Epoche, in der die heilige Barke der Anuket genannt wird[58]. Gewiß müssen auch die Felsinschriften des Alten Reiches vor dem Anuketspeos auf Sehêl[59] schon als Indizien für diesen Festbesuch verstanden werden, typologisch ganz auf der Linie etwa der Wüstenprozession, die im Alten Reich für die Göttin Nechbet in Elkab durchgeführt wurde[60].

Zusammen bilden die Feste der Satet und der Anuket eine signifikante Konstellation. Eines gilt dem Niedrigwasser und damit auch der Erwartung der Flut,

---

57 Gasse – Rondot 2007: 128–130 und 137. Tatsächlich datieren alle die freilich wenigen Inschriften auf Sehel, die ein Datum bis auf den Monat genau nennen, aus dem 1. Monat *šmw*; außer den Kanalbauinschriften Thutmosis' I. und Thutmosis' III. (Gasse 2004: 73; die Lesung des Datums in SEH 243 Gasse – Rondot 2007: 483 ist zweifelhaft) ist noch das Tableau des Vizekönigs Sethos aus der Zeit des Siptah zu nennen, Gasse – Rondot 2007: 251–252.

58 Der Altar Franke 2001: 15–21 und Taf. 4–5, die Inschrift auf Sehel Gasse – Rondot 2007: 83–85, zum Epitheton Gasse – Rondot 2007: 72. Die Vermutung von Dirk Bröckelmann (2006), daß die Schiffsdarstellungen im Grab Sarenputs I. auf der Qubbet el-Hawa ebenfalls mit diesem Fest zu verbinden wären, scheint mir interessant, allerdings nicht ausreichend begründet. Helcks Ergänzung einer Erwähnung der Flußprozession der Anuket in der fragmentarischen Weihinschrift vom Satet-Tempel Sesostris' I (Helck 1978: 74–75) ist natürlich nur eine Ergänzung.

59 Gasse – Rondot 2007: 21–54. Daß Anuket vor dem Mittleren Reich auf Sehel nicht genannt wird (zu dieser Thematik und zum zum Ursprung der Göttin Gasse 2004: 66–69, weitgehend spekulativ Espinel 1997–1998), entspricht der generell schwierigen Beleglage der provinziellen Kulte im Alten Reich und ist nicht überraschend. Die Präsenz der Göttin Anuket schon im Alten Reich in der Region belegen theophore Eigennamen in der Nekropole der Qubbet el-Hawa, und daß ein Heiligtum in der Wildnis von der Priesterschaft des Tempels der Stadt betreut wird (das ist es, was die Inschriften des Klerus der Satet am Ort belegen, Gasse 2004: 69), liegt auf der Hand. Man sollte dabei auch nicht aus den Augen verlieren, daß die epigraphische Beleglage in der Region vor der 6. Dyn. überhaupt nur minimal ist, so daß man, wenn man nur auf positive epigraphische Belege schaut und den kulturhistorischen Gesamtkontext außer Acht läßt, sehr schnell in ein *argumentum ex silentio* abrutscht.

60 Vandekerckhove – Müller-Wollermann 2001.

eines dem Hochwasser des Nils und der eingetretenen Flut. Ganz vergleichbar läßt sich eine solche Konstellation zweier Nilfeste auch in anderen Zusammenhängen nachweisen. Geographisch und chronologisch nächstliegend findet sich eine Parallele in den Nilschreinen von Gebel Silsila, ein wenig stromab, wo auch zwei Feste genannt werden[61]. Die genannten Festdaten am 15. 3. *šmw* bzw. am 15. 1. *ꜣḫ.t* fielen um 1300 v.Chr. auf den 14. Mai bzw. den 17. Juli, also ebenfalls die Zeit des Niedrigwassers und des Anstiegs der Nilflut. Insgesamt zeigt der Blick auf die Feste von Elephantine, wie religiöse Konzepte nicht nur als Text, sondern auch in der rituellen Handlung codiert werden – und wie der Nexus zwischen Handlung und Bedeutung auch kontextuell gestiftet werden kann. Daß das Fest der Anuket mit dem Nil etwas zu tun hätte – davon ist nie die Rede. Aber durch seine landschaftliche Bühne tritt das Fest in diese Assoziation ein.

Ein zweiter Vorstellungskomplex der sakralen Erklärung der Nilflut ist dem Mythos um den Gott Osiris entnommen. Danach speist sich die Flut aus den Verwesungsflüssigkeiten, die aus dem Leichnam des Osiris fließen. Auch dieser Gedankengang ist sehr alt. Bereits die Pyramidentexte nehmen immer wieder auf ihn Bezug[62]. Im Gebiet von Aswân tritt er jedoch erst in griechisch-römischer Zeit in den Vordergrund. Hier wird dieser Gedankenkreis im Tempelkomplex der Isis von Philae ausbuchstabiert.

Kern ist die Vorstellung, daß auf der Insel Biggeh, unmittelbar westlich gegenüber von Philae, im Abaton das Bein des zerstückelten Körpers des Osiris als Reliquie bewahrt wird[63]. In der Osiriskapelle auf dem Dach des großen Tempels von Philae findet sich eine Abbildung, die zeigt, wie die Nilflut aus dem Bein des Osiris quillt (Abb. 9)[64]. Aus diesem Grund bildete die topographische Beziehung zwischen Philae und Biggeh (die nach der Versetzung der Tempel von Philae

---

61 Kitchen 1975: 81–96 und Übersetzung Kitchen 1993: 69–77. In diesem Fall macht es keinen großen Unterschied, ob man die Daten auf den „bürgerlichen" Kalender der Entstehungszeit bezieht, oder einen idealisierten Kalender, in dem der 1. 1. *ꜣḫ.t* auf den Sothisaufgang fällt. Schon Ludwig Stern (1873: 135 und 1878) hat die Signifikanz dieser Zweierkonstellation erkannt und den Zusammenhang mit der *laylat el-nuqta*, der „Nacht des Tropfens" (der Nacht zum 12. Ba'una im Koptischen Kalender, in der ein mystischer Tropfen in den Nil fällt und sein Steigen auslöst) einerseits, und der Begehung der *wafâ el-Nîl* andererseits hergestellt. Dieser Zusammenhang besteht allerdings nur typologisch, nicht im Sinne einer historischen Tradition. Zu den Nilfesten der griechisch-römischen Zeit auch Bonneau 1971.

62 Die Wasserspende wird verklärt als „der Ausfluß, der aus dem Leib des Osiris (bzw. des Gottes) hervorgekommen ist" Sethe 1908–1910: § 788a–b, 1291a, 1360a–b, 2007a–b, 2031a–b.

63 Junker 1913, Beinlich 1984: 209–213.

64 Beinlich 2013: B1162.

leider gebrochen ist) eine Schlüsselkonstellation im Kult der Isis von Philae. Auch aufgrund dieser Bedeutung des Osiriskults im Flutgeschehen erfreuten sich die Tempel von Philae in griechisch-römischer Zeit eines herausgehobenen Status in der Region.

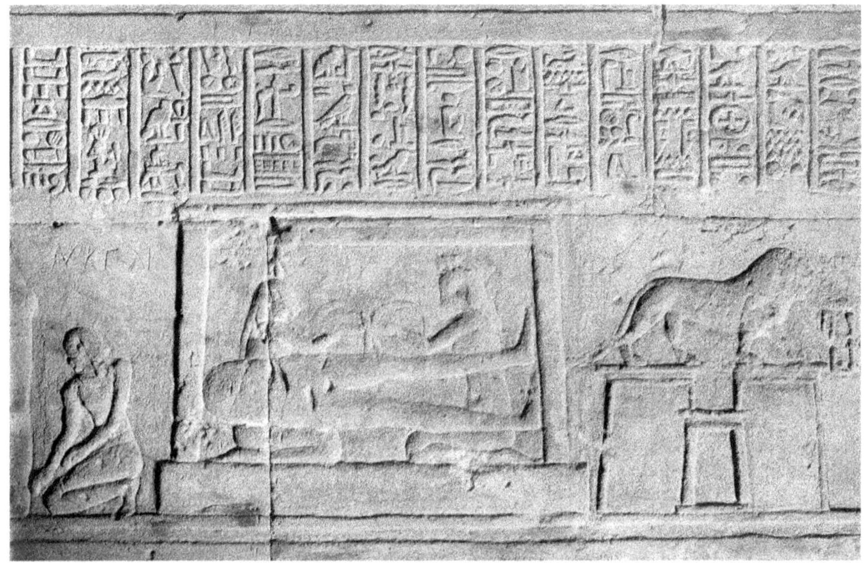

Abb. 9: Die Nilflut quillt aus der Beinreliquie des Osiris. Darstellung in der Dachkapelle des Tempels von Philae (Berlin-Brandenburgische Akademie der Wissenschaften (BBAW), Archiv Ägyptisches Wörterbuch P. Philae 1162).

Obwohl dieser Kult des Osiris in der Region erst in griechisch-römischer Zeit in vollem Umfang manifest wird (die älteste Bauteile aus Philae sind erst saitisch), gibt es Indizien, daß er bereits früher, wenigstens im Ansatz, bestand. Auf der Insel Biggeh, und zwar im Bereich des Tempels, also an jener fokalen Stelle gegenüber von Philae, gibt es nämlich eine Felsinschrift eines Priesters aus Achmim aus der Ramessidenzeit, die ihren Urheber in Anbetung des Kultsymbols des Osiris zeigt (Abb. 10); und dieses erscheint ganz in der Form, in der es auch auf der Ausgangswand des Hadrianstors auf Philae abgebildet ist (Abb. 11)[65].

65 Diese Inschrift fiel mir bei einem Besuch auf Biggeh im Februar 1997 ins Auge und ich zitiere sie hier auf der Basis der Aufnahme, die ich damals gemacht habe. Es ist zu hoffen, daß eine vollständige Publikation dieses wichtigen Dokuments im Rahmen einer Gesamtpublikation der Felsinschriften von Biggeh durch Ilka Klose erfolgen wird. Das Bild im Hadrianstor Beinlich 2011: B0391.

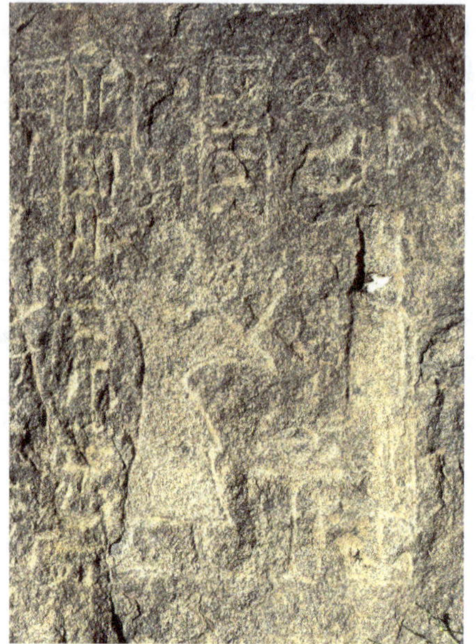

Abb. 10: Felsinschrift des Neuen Reiches auf Biggeh mit der Anbetung des Osiris-Emblems.

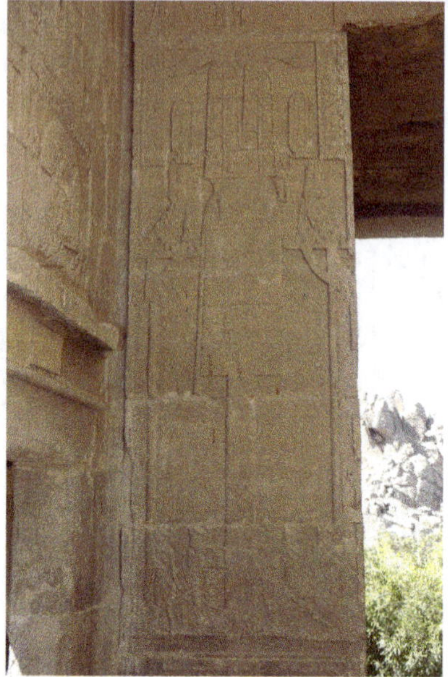

Abb. 11: Darstellung des Osiris-Emblems auf dem Türgewände der nach Biggeh gerichteten Tür im Hadrianstor auf Philae.

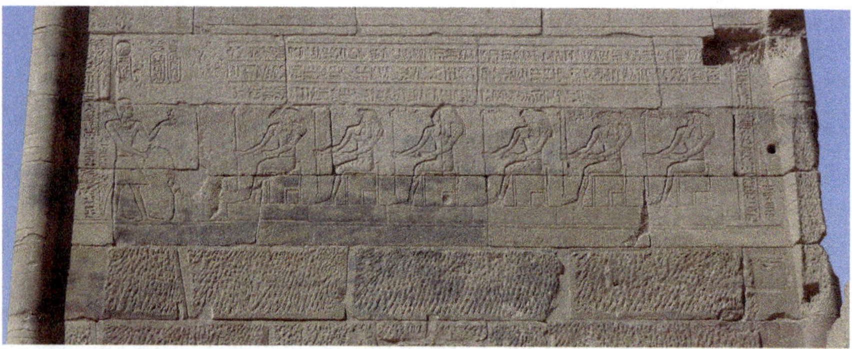

Abb. 12: Das Kollegium der Nilgötter. Darstellung auf der Ostfläche des Ersten Pylons des Tempels von Philae.

Ein weiteres Zeugnis findet man auf der Insel Sehel, die auf Griechisch ja *dionysou-nesos*, also Insel des Dionysos (und Dionysos ist die *interpretatio graeca* für Osiris) genannt wird. Hier findet sich eine große Inschrift aus der Zeit Ramses' VI., deren Gebet sich neben anderen Göttern auch an *Wsjr ḥrj-jb-St̠.t* „Osiris, der auf Sehel verehrt wird" richtet[66]. In meinen Augen bilden diese Inschriften ein Indiz dafür, daß der Kult des Osiris im Kataraktgebiet, auf Bigge und Sehel, der erst (relativ) spät populär wurde, in seinem Kern bereits wesentlich älter ist.

Die Flut des Nils ist allerdings ein kompliziertes Phänomen. Außer den großen Göttern, die letztlich die Flut kontrollieren, gibt es weitere göttliche Gestalten, die in der Umsetzung eine Rolle spielen. Schon das Totenbuch[67] und die bereits erwähnten Nilstelen von Gebel Silsile kennen eine *ḏ3ḏ3.t tpj.t njw*, ein „Götterkollegium, das über der Flut ist", das im Flutgeschehen mitwirkt.

Ein solches Kollegium ist auf der Ostfläche des Ersten Pylons des Tempels von Philae abgebildet (Abb. 12)[68]. Es handelt sich hier um sechs Gottheiten mit seltsamen Gestalten und Namen, Gottheiten, die sonst kaum oder gar nicht angetroffen werden. Dieselben sechs Götter sind jedoch nochmals im Tempel von Edfu dargestellt, und zwar in dem Raum, der der Bereithaltung des liturgisch benötigten Wassers diente (der *chambre du Nil*)[69]. In einer etwas anderen, teilweise überlappenden Konstellation erscheinen solche Gottheiten noch zweimal im Horustempel von Edfu; Drioton und Kákosy haben über diese Göttergruppen gearbeitet und auch bereits erkannt – wie die Determinative in der Schreibung der Namen bekräftigen – daß es sich bei diesen Göttern um Sterne handelt[70]. Ich denke, deshalb sind diese Darstellungen in Edfu auch über den Torzugängen zum großen Treppenaufgang[71] auf das Dach abgebildet, denn vom Dach aus konnten die Gestirne beobachtet werden. Und dies ist auch der Grund, warum das Götter-

66 Gasse – Rondot 2007: 268–270. An Osiris wendet sich auch die Inschrift des Nachtmonth aus der Zeit Ramses' II. auf Elephantine (Seidlmayer 2001b). Im Neuen Reich ist die Nennung des Osiris in Felsinschriften der Region von Aswân sehr ungewöhnlich; die zahlreichen Inschriften des Mittleren Reiches, die sich in ihren Opferformeln an Osiris und andere Totengötter wenden, stehen natürlich auf einem ganz anderen Blatt.

67 Totenbuch Kapitel 149, 14. Hügel; dazu Hornung 1979: 315 und 501, Drioton 1953.

68 Junker 1958: 69–71, Abb. 36, auch Kockelmann – Winter 2016: Taf. 85.

69 Chassinat 1918: 255–259.

70 Rochemonteix – Chassinat 1984–1987: 508–509 und 532–533, Drioton 1953, Kakosy 1981, weiter Pécoil 1993: 100–109.

71 Mir ist durchaus bewußt, daß die Treppe durch ihre Bebilderung als der abwärts führende Treppenlauf ausgewiesen wird. Diese Funktionsbestimmung kann aber auf den Gebrauch in den dargestellten Riten begrenzt gewesen sein. Die Anbringungsrichtung der Bilder entspricht jedenfalls der Richtung des Hinaufsteigens auf das Dach.

kollegium in Philae auf der Ostseite des Pylons dargestellt wurde, in Richtung auf den östlichen Horizont, an dem sich ihr Aufgang ereignete.

Tatsächlich ist die Rolle der Sternbeobachtung in der Vorhersage der Nilflut gut bekannt: Der heliakische Frühaufgang des Sirius, also der Göttin *Spd.t* Sothis, die mit *St̠.t* Satet geglichen wurde, markierte ja den Beginn der Nilflut[72]. In dieser astralen Interpretation wird Sothis in der Ikonographie der Satet ein Stern in die Krone gezeichnet[73] und wird Satet selbst die „Göttin im östlichen Horizont des Himmels" genannt[74], weil sich an diesem östlichen Horizont eben der Aufgang des Sterns ereignete.

Die einzelnen Sternengötter lassen sich nicht (bzw. nur ausnahmsweise) astronomisch identifizieren. Vermutlich handelt es sich bei dem Götterkollegium entweder um eine Konstellation im Sinne eines Sternbilds, dessen Aufgang in Relation zum Nilflutgeschehen stand, oder um eine Gruppe von Sternen, die sukzessive mehrere Phasen des Flutgeschehens markierten. Allerdings zeigen Berichte aus dem Mittelalter, daß die Beobachtung der Gestirne nicht nur in einem kalendarischen Bezug zur Nilflut zu sehen ist. So läßt sich nach Maqrizi anhand der Qualität der Sichtbarkeit der Planeten Venus, Merkur und des (auch zu den Planeten gezählten) Mondes zu bestimmten Terminen der Ausfall der Nilflut vorhersagen[75]. Die Farbe, die Klarheit, das Glitzern der Gestirne wurden beobachtet und interpretiert. Die Gestirne stehen hier in einer astrologisch-mystischen Beziehung zum Nil und seiner Flut – wenn man nicht in den visuellen Charakteristika reale atmosphärische Indikatoren vermuten will.

Im Anschluß an die vorigen Beobachtungen zum Kult des Osiris sei hier in Parenthese angefügt, daß bereits im Satet-Tempel der 18. Dyn. auf Elephantine,

---

72 Dieser vielzitierte Zusammenhang ist in der Wirklichkeit allerdings gar nicht so klar, da sich der heliakische Frühaufgang des Sirius nicht nur an verschiedenen Orten an unterschiedlichen Tagen ereignet, sondern sich auch im Lauf der Zeit erheblich im Kalender verschob, s. dazu Krauss 1985: 36–50 und de Jong 2006. Wenn der Siriusaufgang in Aswân im Neuen Reich sich um den 29. Juni ereignete, kann und muß dies noch im Zusammenhang mit dem Beginn der Flut gesehen werden. Das galt nicht mehr in griechisch-römischer Zeit; wenn damals der Sothisaufgang um den 12. Juli eintrat, war das Flugeschehen bereits zwei Wochen in vollem Gange. Es hat sich also eine unübersehbare Verschiebung des traditionellen astronomischen Fixpunkts gegen das Naturereignis ergeben, so daß man die Frage aufwerfen muß, welche Bedeutungsverschiebung der Sothisaufgang auch im religiösen Verständnis erlebt haben muß. Nicht umsonst orientiert sich die spätere Nilprognostik am Termin der Sommersonnenwende als Beginn der Nilflut (Bonneau 1964: 43 Anm. 4 – Bonneaus Kommentar zum Verhältnis Sothisaufgang-Sommersonnenwende kann ich nicht nachvollziehen).

73 Z.B. Junker – Winter 1965: 332–333.

74 Junker 1958: 195 Abb. 111.

75 Maqrizi 1895: 191–193.

und zwar im langgestreckten, rückwärtigen Querraum mehrere Götterkollegien dargestellt sind. Leider sind diese Szenen nur sehr fragmentarisch erhalten; die Reste lassen jedoch erkennen, daß auch hier Gottheiten mit ungewöhnlichen, andernorts nicht oder kaum belegten Namen vorkommen, bei denen es sich ebenfalls teilweise um Gestirne zu handeln könnte. *Pḏ-nmt.t*, z.B., der Gott „mit weitem Schritt" (Abb. 13), der da vorkommt, ist ein Beiname (auch) des Orion[76] – des Gestirns des Osiris, der am Himmel gegenüber dem Sirius, dem Stern der Isis/Sothis steht[77]. Man kann also in Betracht ziehen, daß bereits in der 18. Dyn. im Rahmen der Kulte von Elephantine neben der Beobachtung der/s Sothis/Sirius bereits andere Sterne beachtet wurden.

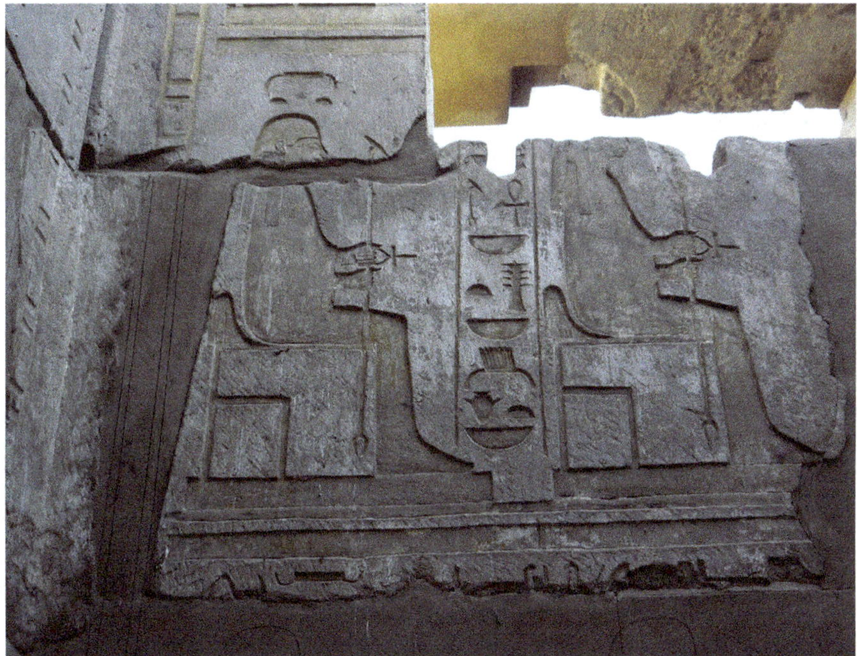

Abb. 13: Götterkollegium im rückwärtigen Raum des Satet-Tempels von Elephantine. Der Gott *Pḏ-nmt.t* „mit weitem Schritt" war links unten abgebildet.

76 Assmann 1969: 239–240, Leitz 2002: 181–182.
77 Erwähnt bei Pécoil 1993: 108.

Die eingangs gemachte Feststellung, daß das Alte Ägypten in Sachen Nilflut weniger von Rätseln geplagt, als mit einem Überschuß von Antworten gesegnet war, könnte durch weitere Beispiele beinah endlos verlängert werden. Statt weiter ins Weite zu gehen, sollten wir vielleicht hier einen Schritt zurücktreten und die Schwierigkeiten, die mit diesen religiösen Erklärungen verbunden sind, auf den Punkt bringen. Ich nenne drei Aspekte:

- Explizitheit: Es wurde sichtbar, daß die Quellen den Nexus zwischen Göttern und Flut, gerade in alter Zeit, oft gar nicht so explizit ausbuchstabieren wie wir das gerne hätten. Oft ist es ein bis zu einem gewissen Grade optionaler Zusammenhang, der durch Kollokation, Assoziation entsteht.
- Vollständigkeit: Die großen Mythen, die auch mit dem Nil in Zusammenhang stehen, erschöpfen sich nicht in diesem Bezug. Sie bedeuten viel mehr. Sie codieren soziale Konstellationen, politische Strukturen, psychische Erfahrungen. Es sind dies nicht Mythen, deren Ziel oder Wesen primär die Naturerklärung ist.
- Simultaneität: Zwischen den religiösen Erklärungen der alten Zeit gibt es kein Konkurrenzverhältnis wie zwischen alternativen naturwissenschaftlichen Erklärungsansätzen. Die Triade von Elephantine, Hathor und der Kreis um Osiris stehen z.B. in den Tempeln von Philae problemlos nebeneinander. Aber es gibt Konjunkturen. Unterschiedliche Modelle sind zu unterschiedlichen Zeiten von unterschiedlichem Interesse.

Vor diesem Hintergrund ist das Konzept der „Erklärung“ selbst zu reflektieren. Dem modernen Denken entspricht es, das Naturphänomen erklären zu wollen, und für die Geographen der Klassischen Antike warf der Nil, dessen Eigenschaften so sehr anders sind als die der Flüsse ihrer Herkunftsländer, Fragen auf, die einer Erklärung bedurften – z.B. warum sich die Nilflut im Spätsommer ereignet und nicht im Frühjahr, wie man es sonst kannte.

Aus einer ägyptischen Perspektive ist der Nil das Normale, eine geographische Basistatsache überwältigender Evidenz, und man muß sich fragen, was die mythologischen Erklärungen eigentlich zu ihrem Verständnis beitragen? Ohne Frage ist in den mythischen Verknüpfungen, die das ägyptische Denken konstruierte, Erfahrungswissen aus der Beobachtung der Nilflut codiert (insbesondere in den astronomischen Assoziationen), und die Praxis der Nilbeobachtung war im rituellen Rahmen institutionalisiert (in der Nilometrie im Tempelkontext). Religion fungiert damit als ein Format, innerhalb dessen nilotisches Wissen verwaltet und nilotische Praktiken organisiert wurden. Darüber hinaus sagen aber Behauptungen wie die, daß Satet die Nilquellen durch einen Pfeilschuß eröffnet oder daß die Nilflut aus den Verwesungsflüssigkeiten aus dem Leichnam des Osiris quillt, über den Nil sehr wenig aus, eigentlich gar nichts.

Umgekehrt ist es anders. Es ist nämlich der Mythos, der nicht der Erklärung, aber der Evidenz bedarf, einer Evidenz, die auch seine nicht-evidenten, z.B. sozialen und politischen Implikationen trägt. Alle die schönen Dinge, die man über Chnum, Osiris, Hathor ... und den König, in seiner segensträchtigen Beziehung zu diesen Gottheiten sagen kann, erhalten durch die Anknüpfung an die Nilflut eine Quelle unwidersprechlicher Evidenz. Es geht gar nicht um Erklärung. Es geht um die Verknüpfung von Evidenz und Doktrin. Nicht umsonst entbrennt in dem Moment, in dem konkurrierende religiöse Systeme die Dominanz über das Niltal beanspruchen, eine Polemik darüber, welche Religion den Nil als Evidenz ihrer Wahrheit in Anspruch nehmen kann[78].

3 Kontrolle

Das Nachdenken über die alten Erklärungen der Nilflut wird, so scheint mir, auch durch ein latentes Mißverständnis erschwert. Wir denken das Verstehen eines Naturphänomens immer mit der Absicht, es zu *kontrollieren*. Deshalb soll das Thema der Kontrolle der Nilflut hier auch kurz angesprochen sein.

In welchem Maß das Alte Ägypten, Ägypten selbst noch im Mittelalter, die Flut zu kontrollieren im Stande war, steht zur Debatte. Verhältnisse der industriellen Landwirtschaft des 19. Jhdts. in die alte Zeit zurückzuprojizieren, wird mehr und mehr kritisch gesehen. In alter Zeit hat man durch Deiche und Kanäle das Auf- und Ablaufen der Flut bis zu einem gewissen Grad gesteuert. Für das, was damals erreicht werden konnte, steht das Meisterstück der antiken Hydraulik, die Entwässerung und urbar-Machung des Fayums seit dem Mittleren Reich[79]. Aber es ist wohl fair zu sagen, daß die Alten vor allem Meister waren darin, sich der Flut, wie sie Jahr für Jahr eben kam, *anzupassen*.

Echte Eingriffe in den Ablauf der Nilflut sind erst eine Sache der Moderne. Die treibende Kraft dahinter war der industrielle Anbau zweier ökologisch landesfremder *cash-crops* für den Weltmarkt: vor allem Baumwolle, dann auch Zuckerrohr, die beide gerade im Frühsommer, wenn der natürliche Nil am wenigsten

78 Mikhail 2014: 241–249.
79 Römer 2017.

Wasser führt, große Mengen Wasser brauchen. Die ganze Entwicklung der ägyptischen Bewässerung im 19. und 20. Jahrhundert steht unter diesem Vorzeichen[80].

Auch zu diesem modernen Prozeß der Kontrolle der Flut bietet Aswân den Schlüssel. Was modern anmutete, die alte Nilometrie, wird nun wirklich modern: Unter dem Khediven Ismail wurde der alte Nilometer des Satet-Tempels 1870 ausgegraben, mit neuen Skalen versehen und wieder in Betrieb genommen. Dieses Werk des ägyptischen Vermessers und Astronomen Mahmoud Pasha el-Falaki (1815–1885) ist am Ort durch eine Inschriftentafel in französischer und arabischer Sprache verewigt (Abb. 14)[81].

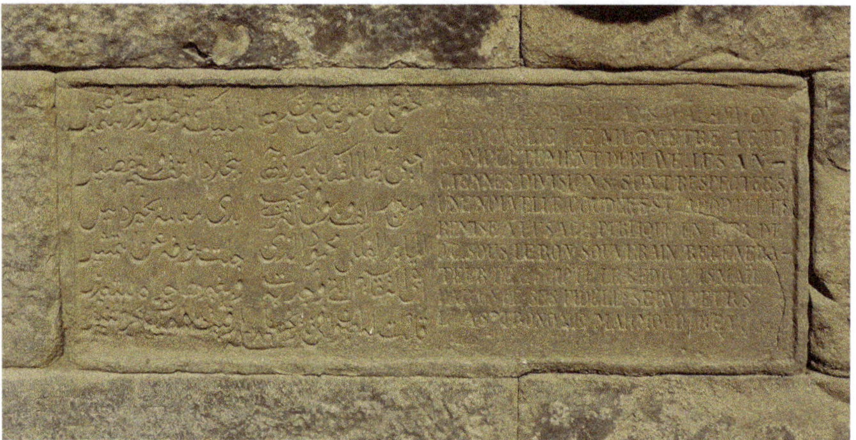

Abb. 14: Französisch-arabische Restaurierungsinschrift im Nilometer des Satet-Tempels von Elephantine.

Das arabische Gedicht lautet in deutscher Übertragung[82]:

---

80 Willcocks 1899: 165, Hurst 1957: 46, Said 1993: 213–214; tatsächlich ist der Zusammenhang zwischen Marktökonomie, sozialer Struktur und agrarischer Entwicklung komplex, s. Alleaume 1999: insbes. 338, Cuno 1992, Owen 1969 (ich bin Ralph Bodenstein für den Hinweis auf diese Werke sehr verbunden).

81 Toussoun 1925: 286, Jaritz in Jaritz et al. 2017: 153–154, Taf. 51c.

82 Für die Übersetzung des arabischen Texts danke ich Fatma Keshk, Hussein el-Zeneiny und Philipp Speiser; meine Übertragung der Versform ins Deutsche ist auch als *hommage* an Carl Richard Lepsius gemeint, dessen, soweit ich weiß, einziges Gedicht in arabischer Form (auf der Expedition wurde ja viel gedichtet z.B. Freier 2013: 139, 207) dem Nil gewidmet war. Es steht in einem der großen Tagebücher (Tagebuch Folio III, 290, Ägyptisches Museum und Papyrussammlung SPK Inv. No. 77) in einem Entwurf eines Briefes an Lepsius' Vater und lautet in der Transkription von Elke Freier: „Und kurz und gut der Nil, der Nil! Es gibt der Ströme wahrlich

Dank schuldet nun Aswân
dem tatenreichen Könige Ägyptens Ismail.
Durch neues Maß und Teilung gründet er
den Nilometer, der schon ganz zerfiel.
Nach tausend Jahren unter Staub und Schmutz
zu neuer Schönheit ihn zu wecken war das Ziel
Des kundigsten der Astronomen, Mahmoud, dessen
Sachkenntnis auszubreiten wär zuviel.
Das Maß der alten Zeit bewahrte er,
zu schaffen neue, beßre Skalen ihm gefiel.
Aswân in den Annalen sprach zu ihm:
„durch diesen Nilometer hast erhoben du den Strom, den Nil."

Durch diese Erneuerung wurde der Nilometer des Satet-Tempels zum Ursprung der modernen Nilstatistik: Die letzten natürlichen Flutverläufe wurden in ihm gemessen. Ein erster Schritt zur massiven technischen Intervention in den natürlichen Flutablauf wurde durch den schon unter Muhamad Ali begonnen Bau der Delta Barrage (1833–1861, repariert 1887–1890) getan. Den entscheidenden (und bis heute letzten) Schritt bildeten aber die beiden Staudammbauten in Aswân.

Ein erster Damm wurde 1898–1902 errichtet und später zweimal (in den Jahren 1907–1912 und 1929–1933) erhöht. Dieser Bau staute aus der ablaufenden Flut jährlich ein nur temporäres Reservoir auf (und setzte dadurch z.B. die Tempel von Philae zyklisch unter Wasser). Das im Herbst gestaute Wasser wurde dann im jeweils nächsten Sommer abgelassen, um die Baumwollfelder zu bewässern.

Erst der Hochdamm von Aswân (begonnen 1960, geschlossen 1964, vollendet im Juli 1970 und 1971 offiziell eröffnet) emanzipierte Ägypten vollständig von der Zyklik der Flut. Seit dem Bau des Hochdamms unterliegt der Nil in Ägypten totaler Kontrolle. Alle Wasserniveaus, die man heute beobachten kann, sind das Produkt künstlicher Regelung, einer Regelung, die zudem weitgehend antizyklisch zum natürlichen Flutgeschehen erfolgt. Die Überschwemmung des Landes ist seit 1964 Vergangenheit.

Diese neue Epoche im Verhältnis des Landes zu dem Strom, der es konstituiert, ist im Denkmal der ägyptisch-sowjetischen Freundschaft am westlichen Ende des Dammes verbildlicht – ein Werk, das man in die lange Reihe der Bilder des Nils,

---

viel, doch keinen wie den Nil! Zum Nil flog unser rascher Kiel! Es giebt der Pilgerfahrten viel, doch keine wie zum Nil! Er blieb uns treu in Ernst und Spiel; denn keiner mir wie er gefiel, nein keiner wie der Nil! Nun aber, sein Wasser zum drittenmal fiel, da wendet das Herz am erreichten Ziel, sich nordwärts wie der Nil!" (Unterstreichungen im Original) Ich danke Elke Freier für die Erlaubnis den Text, der 2010 eine Weihnachtskarte des DAI Kairo zierte, hier nochmals zitieren zu dürfen.

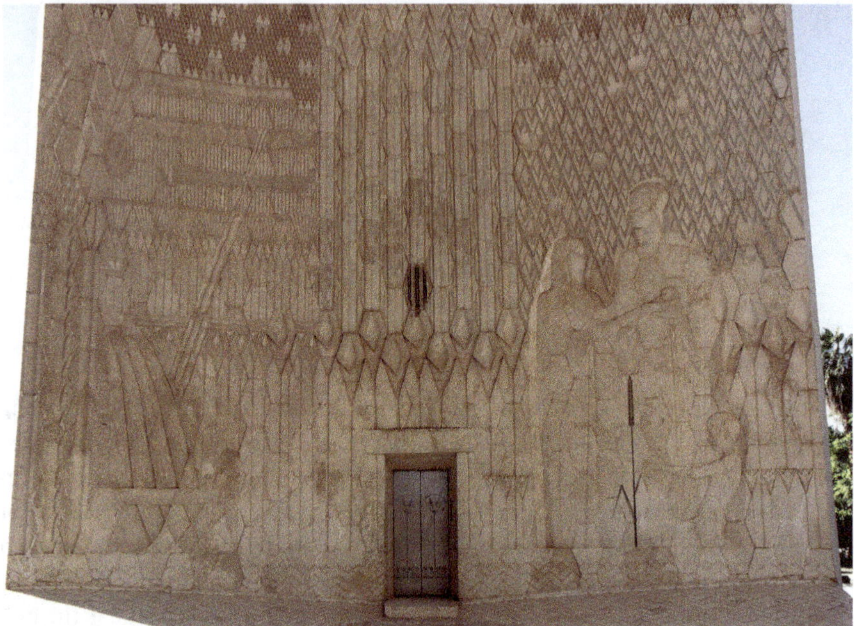

Abb. 15: Der natürliche Nil und das traditionelle Ägypten. Darstellung im Monument der ägyptisch-sowjetischen Freundschaft am Hochdamm von Aswân.

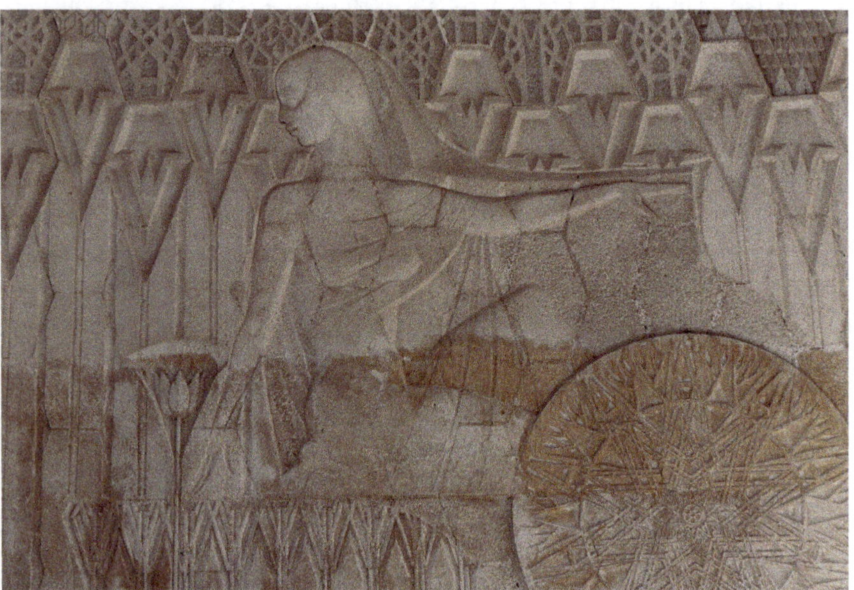

Abb. 16: Die Nilbraut. Darstellung im Monument der ägyptisch-sowjetischen Freundschaft am Hochdamm von Aswân.

wie sie auch hier zur Sprache kamen, einordnen kann. Das Denkmal hat die Gestalt einer riesigen, monumental stilisierten Lotusblüte. Ihre fünf Blätter umschließen wie gewaltige Stelen einen sanktuarhaften Innenraum. Wer das Denkmal betritt, geht auf die mittlere Stelenfläche zu. Auf ihr sind unten in Bronze die Staatswappen der Sowjetunion und Ägyptens angebracht. Darüber steht in arabischer und russischer Sprache etwa gleichlautend als Zitat des zum Zeitpunkt der Eröffnung des Monuments schon verstorbenen[83] Staatspräsidenten Gamal Abd el-Nasser:

> In langen Jahren gemeinsamer Arbeit wurde die arabisch-sowjetische Freundschaft geschmiedet und gehärtet, so daß sie in ihrer Festigkeit in nichts dem Hochdamm von Aswân nachsteht.

Das Portrait Gamal Abd el-Nassers, im Profil, in medaillenhafter Monumentalisierung und dadurch heroischer Entrückung, steht darüber. Vor diesem Portrait, darunter und kleiner, im Halbprofil, in Anzug und Krawatte, ist noch das Bild des bei der Einweihung amtierenden Staatspräsidenten Anwar el-Sadat hinzugefügt. Auch von ihm ist ein Textzitat hinterlegt:

> Der Kampf für den Hochdamm ist vollendet und hat sich als Sieg erwiesen. Der Sieg ist ein Sieg der Freien, ein Sieg des Willens, ein Sieg konzentrierter wissenschaftlicher Anstrengungen, ein Sieg der großen sowjetisch-arabischen Freundschaft, ein Sieg der Freiheit, des Friedens und des Fortschritts.

Die vier anderen Stelen, Werke des sowjetischen Bildhauers Nikolaj Vechkanov nach Vorlagen von Ernst Neizvestny[84], erzählen den ideologischen Text des Monuments. Beiderseits, zum Eingang hin erheben ein Mann und eine Frau ihr Antlitz der aufgehenden Sonne zu – Symbol der Hoffnung und des Neubeginns.

Auf den beiden westlichen (rechten) Stelen sehen wir links das Wasser des Nils frei herabströmen (Abb. 15). Aus ihm erheben sich Papyrus und Lotus und die Ähren der Felder. Diese empfängt ein hoheitsvolles Paar, der Mann in traditioneller, bäuerlicher Tracht, den Schal um die Stirn gewunden. Ihm reicht eine Frau, deutlich kleiner als der Mann, im langen, weiten Gewand, den Schleier über den Kopf gezogen, ein Brot, und über Ihnen steigen solche runden Brote in das

83 Gamal Abd el-Nasser verstarb am 28. September 1970; die offzielle Eröffnung des Staudamms fand erst im Januar 1971 statt. Für die Übersetzung dieses Zitats wie auch des folgenden aus dem Russischen danke ich Frank Feder sehr herzlich.

84 Ich bin Martin Fitzenreiter und Eleonora Kormysheva (in Vermittlung durch Martin Fitzenreiter) sehr für ihre Hilfe verbunden, Näheres über den Künstler des Staudamm-Monuments und seinen Hintergrund herauszufinden.

Ornament des Hintergrunds auf. Vor ihnen kniet ihr Kind, nackt, auf dem Boden, fast in betender Haltung vor einer einzelnen, aufsprießenden Ähre. Nach rechts, auf der zweiten Stele, wird dieses Paar wieder durch ein Bild der Flußlandschaft gerahmt (Abb. 16). Auf Lotusblüten kniet in altägyptischer Haltung eine verschleierte Frau, den Blick gesenkt. Sie streckt ihre Hand aus über ein mystisches Rad, das in seinem äußeren Umfang einen Kranz Lotusblüten mit einem Sternmuster, wie man es vom Ornament der mamlûkischen Einlegearbeiten kennt, im Zentrum verbindet. Eine Flußnymphe – eigentlich eine Nilbraut: die weibliche Verkörperung des ägyptischen Landes in seinem Bezogen-Sein auf den Nil – ein Motiv mit sexuellen Untertönen, das der Klassischen Antike und dem Mittelalter gut bekannt ist (weniger dem Alten Ägypten). Zum Vergleich ziehen wir „*la fiancée du Nil*" des ägyptischen Bildhauers Mahmoud Mokhtar heran (Abb. 17). Auch diese Statue zeigt die Nilbraut als altägyptische, träumende Frau, hier im Stil des *art déco*[85].

Diese westliche Seite des Denkmals ist die Seite der alten Zeit, ihrer Größe und Würde, aber auch ihrer Beschränkung. Einer Zeit, der der hochheilige Nil das Brot gab – aber auch nur das Brot. Die beiden östlichen (linken) Stelen zeigen eine andere Welt. Hier schmiegt sich (rechts) die Gewalt des Stromes willig in die Turbine über dem Damm (Abb. 18), und seine Kraft spendet Bewässerungswasser und elektrischen Strom, der das riesige Zahnrad der industriellen Zeit treibt. Das Paar, das darüber steht, trägt nicht mehr die alten, langen Gewänder; eher müssen wir sie uns im Blaumann denken. Frau und Mann sind hier gleich groß. Sie sind im Dialog und in ausgreifender, fast tänzerischer Bewegung gezeigt, sie empfangen die Kräfte des Nils nicht als Gabe, sie beherrschen sie durch Einsicht und Tat.

---

85 Zu Mokhtars *fiancée du Nil* Karnouk 2005: 17, Sharouny 2007: 82. Mein Dank gilt dem ägyptischen Kulturministerium für die Erlaubnis, das Photo im Mahmoud Mokhtar-Museum (Kairo) zu machen und zu verwenden. Im Vorgriff auf eine detailliertere Studie sei zum Verständnis des Bildes hier kurz ein Wort zur Idee der „Nilbraut" eingeschaltet. Allgemein wird der Begriff der Nilbraut mit der Geschichte vom Opfer der Jungfrau an den Nil, die auf den Historiker Ibn Abd el-Hakam zurückgeht, verbunden. Dies ist aber eine erst nachmittelalterliche Kontamination zweier unterschiedlicher Motive. Tatsächlich kommt in der Geschichte Ibn Abd el-Hakams das Wort „Braut/Hochzeit" überhaupt nicht vor, und die zahlreichen mittelalterlichen Historiker, die die Geschichte aufgreifen, bringen sie auch nie in Verbindung mit der „Hochzeit des Nils". Der Begriff der „Hochzeit des Nils" ist demgegenüber im Mittelalter konsistent mit der Zeremonie des Dammdurchstichs bei der *wafâ* und anderen Gelegenheiten verbunden und interpretiert das Einströmen der befruchtenden Flut in das Land in sexuellen Kategorien, eine Idee, die naheliegend und mindestens seit der Antike wohletabliert ist. Die moderne ägyptische Kunst kennt natürlich beide Motive; Mahmoud Mokhtars Statue und das Bild am Hochdamm lassen aber alle Bezugnahmen auf die Idee eines Opfers beiseite.

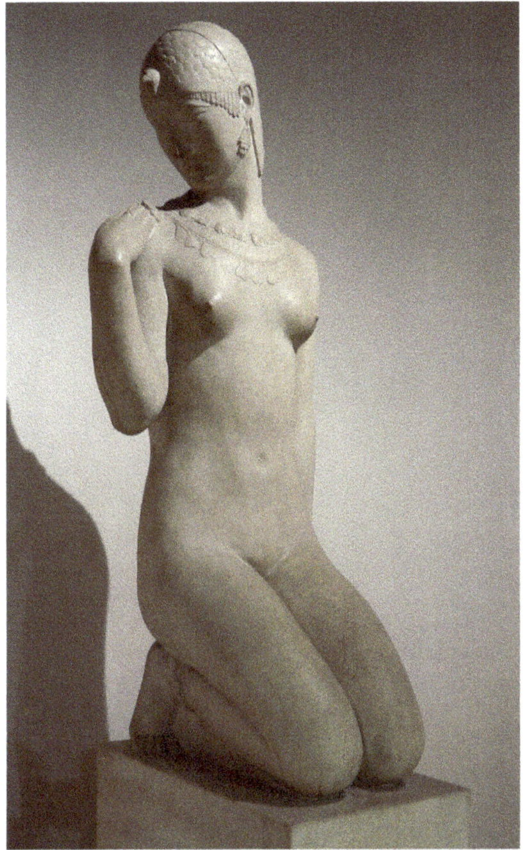

Abb. 17: *La fiancée du Nil*, Plastik von Mahmoud Mokhtar im Mahmoud-Mokhtar Museum Kairo.

Auch hier schließt sich links eine symbolische Szene an. Die Frau im langen Gewand, aber ohne Schleier – sie trägt eine Pferdeschwanzfrisur nach der Mode der 1960er Jahre – aufgerichtet, führt das Kind in eine Welt, über der die Symbole des Wissens und der Künste schweben; über ihrer rechten Hand stehen die ersten beiden Buchstaben des arabischen Alphabets. Auch ihr ist ein mystisches Rad beigegeben. Und dieses verbindet nun die Strahlen der Sonne, des Lichtes und der Klarheit, mit dem Emblem der Waage, dem Zeichen für den urteilenden Geist des Menschen.

Diese östliche Seite ist die Seite der Zukunft; sie ist die Seite einer technischen Welt, in der der Mensch die Natur beherrscht und seinen Absichten gefügig macht, ein Denkmal des Techno-Theismus gerade der 60er und 70er Jahre, in weiterer Perspektive des 19. und 20. Jahrhunderts.

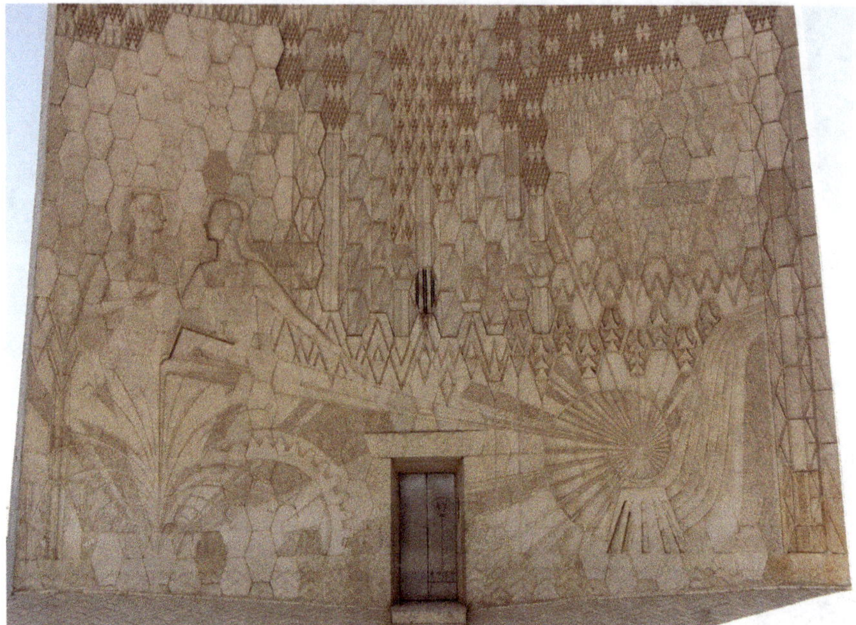

Abb. 18: Der Hochdamm und das moderne Ägypten. Darstellung im Monument der ägyptisch-sowjetischen Freundschaft am Hochdamm von Aswân.

Ob das alles so wahr geworden ist? Wie die alte Welt ist auch dieser frohe Glaube an die Zukunft Vergangenheit geworden, auf die man mit Sympathie und Melancholie zurückblickt. Und so sehr das Staudamm-Monument den Wandel der Zeiten feiert, sucht es doch die Vergewisserung im Unwandelbaren. Deshalb steht hoch über allem, oben in der Mitte der Frontwand des Monuments der Vers aus dem Qur'ân[86], zu dem sich die betenden Hände im Hintergrundmotiv der Mittelstele erheben:

وَجَعَلْنَا مِنَ ٱلْمَآءِ كُلَّ شَىْءٍ حَيٍّ

und aus dem Wasser erschufen WIR alles, was lebt

86 Qur'ân, Sura 21 „die Propheten", Vers 30; ich danke Hussein el-Zeneiny herzlich dafür, daß er diese Inschrift für mich identifiziert hat.

Literaturverzeichnis

Alleaume, Ghislaine: An Industrial Revolution in Agriculture? Some Observations on the Evolution of Rural Egypt in the Nineteenth Century, in: Bowman, Alan K. und Rogan, Eugene (eds.).: Agriculture in Egypt: from pharaonic to modern times, Proceedings of the British Academy 96, Oxford 1999, 331–345

Arnold, Felix: Wasser im Kult der Satet auf Elephantine, in: MDAIK 70/71, 2014/2015, 33–40

Assmann, Jan: Liturgische Lieder an den Sonnengott, MÄS 19, Berlin 1969

Beinlich, Horst: Die „Osirisreliquien". Zum Motiv der Körperzergliederung in der altägyptischen Religion, ÄgAbh. 42, Wiesbaden 1984

Beinlich, Horst: Die Photos der preußischen Expedition 1908–1910 nach Nubien. Photos 200–399, SRaT 15, Dettelbach 2011

Beinlich, Horst: Die Photos der preußischen Expedition 1908–1910 nach Nubien. Photos 1000–1199, SRaT 19, Dettelbach 2013

Bernand, André: De Thèbes à Syène, Paris 1989

Bernand, Étienne: Les inscriptions grecques de Philae. Tome II, haut et bas empire, Paris 1969

Bonneau, Danielle: La crue du Nil. Divinité Égyptienne, Paris 1964

Bonneau, Danielle: Les fêtes de la crue du Nil. Problèmes de lieux, de dates et d'organisation, in: RdÉ 23, 1971, 49–65

Borchardt, Ludwig: Nilmesser und Nilstandsmarken, Berlin 1906

Bröckelmann, Dirk: Die „Schiffsfahrten" im Grab Sarenputs I. auf der Qubbet el-Hawa: ein früher Hinweis auf die Prozessionsfeste der Anuket? in: GM 209, 2006, 7–31

De Buck, Adrian: On the Meaning of the Name *Ḥ^cpj*, in: Orientalia Neerlandica, Leiden 1948, 1–22

Chassinat, Émile: Le temple d'Edfou II, MemMiss. 11, le Caire 1918

Cooper, John P.: The Medieval Nile. Route, navigation, and landscape in Islamic Egypt, Cairo 2014

Cuno, Kenneth M.: The Pasha's Peasants. Land, Society, and Economy in Lower Egypt, 1740–1858, Cairo 1992

Drioton, Étienne: Les origines pharaoniques du nilomètre der Rodah, in: Bull.Inst.Ég. 34, 1953, 291–316

Erlich, Haggai; Gershoni, Israel (eds.): The Nile. Histories, Cultures, Myths, Boulder 2000

Erman, Adolf; Grapow, Hermann: Wörterbuch der ägyptischen Sprache, Bände I–V, Berlin 1926–1931

Espinel, Andrés Diego: La dea Anuket durante l'Antico Regno: una proposta sulla sua origine, in: Egitto e Viciono Oriente 20–21, 1997–1998, 111–118

Franke, Detlef: Drei neue Stelen des Mittleren Reiches von Elephantine, in: MDAIK 57, 2001, 15–34

Freier, Elke: „Wer hier hundert Augen hätte ...". Georg Gustav Erbkams Reisebriefe aus Ägypten und Nubien, Berlin 2013

Gasse, Annie: Le voyage à Séhel avec les adorateurs de Satet et Ânouqet, in: Gasse, Annie und Rondot, Vincent (eds.): Séhel. Entre Égypte et Nubie. Inscriptions rupestres et graffiti de l'époque pharaonique, Or.Monsp. 14, Montpellier 2004, 65–79

Gasse, Annie; Rondot, Vincent: Les inscriptions de Séhel, MIFAO 126, le Caire 2007

Gershoni, Israel; Hatina, Meir (eds.): Narrating the Nile. Politics, cultures, identities, Boulder 2008

Grenier, Jean-Claude: Autour de la stèle de la Famine, de sa datation réelle et de sa date fictive, in: Gasse, Annie und Rondot, Vincent (eds.): Séhel. Entre Égypte et Nubie. Inscriptions rupestres et graffiti de l'époque pharaonique, Or.Monsp. 14, Montpellier 2004, 81–88

Griffith, F. Ll.; Thompson, Herbert: The Demotic Magical Papyrus of London and Leiden, London 1904

Habachi, Labib: An Inscription at Aswân Referring to Six Obelisks, in: JEA 36, 1950, 13–18

Habachi, Labib: Two Graffiti at Sehêl from the Reign of Queen Hatshepsut, in: JNES 16, 1957, 88–104

Habachi, Labib: The Jubilees of Ramesses II and Amenophis III with Reference to Certain Aspects of their Celebration, in: ZÄS 97, 1971, 64–72

Habachi, Labib: Rock-Inscriptions from the Reign of Ramesses II on and around Elephantine Island, in: Görg, M. und Pusch, E. (eds.): Festschrift Elmar Edel, ÄAT 1, Bamberg 1979, 227–237

Habachi, Labib: The Owner of the Tomb, in: The Tomb of Kheruef, Theban Tomb 192, OIP 102, Chicago 1980, 17–26

Helck, Wolfgang: Urkunden der 18. Dynastie, 17. Heft, Berlin 1955

Helck, Wolfgang: Die Weihinschrft Sesostris' I. am Satet-Tempel von Elephantine, in: MDAIK 34, 1978, 69–78

Hornung, Erik: Das Totenbuch der Ägypter, Zürich 1979

Hurst, H.E.: The Nile. A General Account of the River and the Utilization of its Waters, London [2]1957

Hurst, H.E.; Phillips, Percy: The Nile Basin III, Ten-day Mean and Monthly Mean Gauge Readings of the Nile and its Tributaries, Physical Department Paper 29, Cairo 1933

Jaritz, Horst: Elephantine III. Die Terrassen vor den Tempeln des Chnum und der Satet. Architektur und Deutung, AV 32, Mainz 1980

Jaritz, Horst: Die Kirche des heiligen Psoti vor der Stadtmauer von Aswan, in: Mel. Mokhtar, Bi.Et. 97.2, Kairo 1985, 1–19

Jaritz, Horst: Nilkultstätten auf Elephantine, in: SAK Beihefte 2, 1988, 199–209

Jaritz, Horst; Bietak, Manfred: Zweierlei Pegelgleichungen zum Messen der Nilfluthöhen im Alten Ägypten. Untersuchungen zum neuentdeckten Nilometer des Chnum-Tempels von Elephantine, in: MDAIK 33, 1977, 47–62

Jaritz, Horst; Laskowska-Kusztal, Ewa; Niederberger, Walter: Elephantine XXXVI. Der ptolemäische Satettempel mit seinen Nebenanlagen und die Treppenanlage des nördlichen Sakralbezirks, AV 127, Wiesbaden 2017

De Jong, T.: The Heliacal Rising of Sirius, in: Hornung, E., Krauss, R., Warburton, D.A. (eds.): Ancient Egyptian Chronology, HdO I.83, Leiden 2006, 432–438

Junker, Hermann: Das Götterdekret über das Abaton, Wien 1913

Junker, Hermann: Der große Pylon des Tempels der Isis in Philae, Wien 1958

Junker, Hermann; Winter, Erich: Das Geburtshaus des Tempels der Isis in Philae, Wien 1965

Kaiser, Werner et al.: Stadt und Tempel von Elephantine. Fünfter Grabungsbericht, in: MDAIK 31, 1975, 39–84

Kaiser, Werner et al.: Stadt und Tempel von Elephantine. 13./14. Grabungsbericht, in: MDAIK 43, 1987, 75–114

Kaiser, Werner et al.: Stadt und Tempel von Elephantine. 15./16. Grabungsbericht, in: MDAIK 44, 1988, 135–182

Kaiser, Werner et al.: Stadt und Tempel von Elephantine. 23./24. Grabungsbericht, in: MDAIK 53, 1997, 117–193

Kákosy, Lazlo: The Astral Snakes of the Nile, in: MDAIK 37, 1981, 255–260
Karnouk, Liliane: Modern Egyptian Art, Cairo 2005
Kitchen, Kenneth A.: Ramesside Inscriptions. Historical and Biographical, Vol. I, Oxford 1975
Kitchen, Kenneth A.: Ramesside Inscriptions. Translated and Annotated, Notes and Comments, Vol. I, Oxford 1993
Klug, Andrea: Königliche Stelen in der Zeit von Ahmose bis Amenophis III, Monumenta Aegyptiaca 8, Turnhout 2002
Kockelmann, Holger; Winter, Erich: Philae III. Die Zweite Ostkolonnade des Tempels der Isis in Philae (CO II und CO IIK), Wien 2016
Krauss, Rolf: Sothis- und Monddaten. Studien zur astronomischen und technischen Chronologie Altägyptens, HÄB 20, Hildesheim 1985
Lacau, Pierre; Chevrier, Henri: Une chapelle de Sésostris Ier à Karnak, le Caire 1956
Lane, Edward William: An Account of the Manners and Customs of the Modern Egyptians, London 1895
Laskowska-Kusztal, Ewa: Elephantine XV. Die Dekorfragmente der ptolemäisch-römischen Tempel von Elephantine, AV 73, Mainz 1990
Leitz, Christian: Lexikon der ägyptischen Götter und Götterbezeichnungen III, OLA 112, Leuven 2002
Leitz, Christian: Lexikon der ägyptischen Götter und Götterbezeichnungen VIII, OLA 129, Leuven 2003
Lepsius, Carl Richard: Denkmäler aus Aegypten und Aethiopien nach den Zeichnungen der von Seiner Majestät dem Könige von Preussen ... nach diesen Ländern gesendeten ... Expedition. Tafeln, Berlin 1849–1859
Lepsius, Carl Richard: Briefe aus Aegypten, Aethiopien und der Halbinsel des Sinai, Berlin 1852
Lichtheim, Miriam: Ancient Egyptian Literature. Vol. III: The Late Period, Berkeley 1980
Lyons, H.G.: The Physiography of the River Nile and its Basin, Cairo 1906
Maqrizi: Description topographique et historique de l'Égypte, trad. U. Bouriant, première partie, Mem.Miss. 17.1, Paris 1895
Martin, Hans Günter: Zwei Reliefs mit Flußgöttern auf Elephantine, in: MDAIK 43, 1987, 187–194
Mikhail, Maged S.A.: From Christian Egypt to Islamic Egypt. Religion, Identity, and Politics after the Arab Conquest, Cairo 2014
de Morgan, Jacques et al.: Catalogue des monuments et inscriptions de l'Égypte antique. Vol. I.1 Haute Égypte, de la frontière de Nubie à Kôm Ombos, Vienne 1893
Niedzólka, Dariusz: Some Remarks on the Graffito of Senenmut at Aswan, in: J. Popielska-Gzybowska (ed.), Central European Conference of Young Egyptologists, Warsaw 2001, 85–104
Owen, Roger: Cotton and the Egyptian Economy 1820–1914. A Study in Trade and Development, Oxford 1969
Pécoil, Jean-François: Les sources mythiques du Nil et le cycle de la crue, in: BSEG 17, 1993, 97–110
Plasser, Gerhard: Morgenland. Kosmoramen von Hubert Sattler, Band 3, Salzburger Museumshefte 12, Salzburg 2009
Popper, William: The Cairo Nilometer. Studies in Ibn Taghrî Birdi's Chronicles of Egypt I, Berkeley 1951
Quack, Joachim Friedrich: Danaergeschenk des Nil? Zu viel oder zu wenig Wasser im Alten Ägypten, in: Berlejung, Angelika (ed.): Disaster and Relief Management, Tübingen 2012, 338–381

Roccati, Alessandro: Lessico dinamico nell'Egiziano antico, in: Verhoogt, A.M.F.W. und Vleeming, S.P. (eds.): The Two Faces of Graeco-Roman Egypt. Greek and Demotic and Greek-Demotic Texts. Studies Presented to P.W. Pestman, Leiden 1998, 87–92
Rochemonteix, Marquis de; Chassinat, Émile: Le temple d'Edfou I, deuxième édition revue et corrigée par Sylvie Cauville et Didier Devauchelle, Mem.Miss. 10, le Caire 1984–1987
Römer, Cornelia: The Nile in the Fayum. Strategies of Dominating and Using the Water Resources of the River in the Oasis in the Middle Kingdom and the Graeco-Roman Period, in: Willems, Harco und Dahms, Jan-Michael (eds.) The Nile: Natural and Cultural Landscape in Egypt, Bielefeld 2017, 171–191
Said, Rushdi: The River Nile. Geology, Hydrology, and Utilization, Oxford 1993
Sandman, Maj: Texts from the Time of Akhenaten, BiAeg. 8, Bruxelles 1938
Schenkel, Wolfgang: Die Bauinschrift Sesostris' I. im Satet-Tempel von Elephantine, in: MDAIK 31, 1975, 109–126
Schott, Siegfried: Altägyptische Festdaten, Wiesbaden 1950
Shoshan, Boaz: Popular Culture in Medieval Cairo, Cambridge 1993
Seidlmayer, Stephan: Historische und moderne Nilstände. Untersuchungen zu den Pegelablesungen des Nils von der Frühzeit bis in die Gegenwart, Berlin 2001a
Seidlmayer, Stephan: „Dreißig Jahre ließ ich gehen ..." Ergänzungen zu zwei Jubiläumsinschriften im Gebiet von Aswân, in: MDAIK 57, 2001b
Seidlmayer, Stephan: Preußen in Ägypten – Ägypten in Preußen, die Königlich Preußische Expedition nach Ägypten – Kultur und Politik, in: A. Neuwirth und G. Stock (Hrsg.), Europa im Nahen Osten – Der Nahe Osten in Europa, Berlin 2010, 315–338
Seidlmayer, Stephan: Ein Gebet an den Nil, in: Études et Travaux 26.2 dedicated to Prof. K. Myśliwiec, Warschau 2013, 607–613
Seidlmayer, Stephan: Felsinschriften auf Kafrije/Kafranarti, einem Riff im Fluß zwischen Elephantine und Aswân, i.Vb. (1)
Seidlmayer, Stephan: Obelisken und andere Kleinigkeiten. Text und Raum in den Felsinschriften der Region des Ersten Nilkatarakts, i.Vb. (2)
Sethe, Kurt: Die altaegyptischen Pyramidentexte nach den Papierabdrücken und Photographien des Berliner Museums, Bände I–II, Leipzig 1908–1910
Sethe, Kurt: Urkunden der 18. Dynastie, dritter Band, Leipzig 1927
Sharouny, Sobhi: Sculptor Mahmoud Mukhtar and his Museum (1891–1934), Cairo 2007
Stern, Ludwig: Die Nilstele von Gebel Silsileh, in: ZÄS 11, 1873, 129–135
Stern, Ludwig: The Ancient Festivals of the Nile, in: Records of the Past, being English Translations of the Assyrian and Egyptian Monuments. Vol. 10 Egyptian Texts, London 1878, 37–40
Toussoun, Omar: Mémoire sur l'histoire du Nil I–III, Mem.Inst.Eg. 8–10, Caire 1925
Tvedt, Terje: The River Nile in the Age of the British. Political Economy and the Quest for Economic Power, Cairo 2004
Tvedt, Terje (ed.): The River Nile in the Post-Colonial Age. Conflict and Cooperation among the Nile Basin Countries, Cairo 2009
Valbelle, Dominique: Satis et Anoukis, Mainz 1981
Vandekerckhove, Hans; Müller-Wollermann, Renate: Elkab VI: die Felsinschriften des Wadi Hilâl, Brüssel 2001
Willcocks, William: Egyptian Irrigation, London [2]1899
Yoyotte, Jean: Les Pèlerinages dans l'Égypte ancienne, in: Les Pèlerinages, Sources Orientales 3, Paris 1960, 17–74

www.ingramcontent.com/pod-product-compliance
Lightning Source LLC
LaVergne TN
LVHW021628120826
845149LV00023B/1490
* 9 7 8 3 1 1 0 7 4 7 8 3 6 *